SHODENSHA
SHINSHO

皇はいつから
皇になったか？

竹章仁

祥伝社新書

序

なぜ、わが国には連綿と「天皇」が存在するのか。天皇の始原《しげん》と存在理由――天皇はいつから天皇になったか――の解明は、日本歴史の最大の課題と言えるが、未《いま》だ明快な解答が出されていない。つまるところ、そのことの探究は古代にまでさかのぼらなければならない。

さて、『古事記《こじき》』・『日本書紀《にほんしょき》』（以下『記』・『紀』と略記）と並称されるように、両書は対象とする時代・神話の物語展開や王統譜《おうとうふ》などの記載内容・編纂《へんさん》時期なども基本的に共通するところが多いことから、同種の古代史書として取り扱われることがほとんどであった。

確かに、両書は兄弟的な関係にあるけれども、具体的な内容や表記など大きな差異が存在する場合も少なくなく、『記』・『紀』と一括《ひとくく》りでとらえられない一面もある。これは、両書の背景にある思想や歴史観などの違いに由来すると思われる。

たとえば、本書の第二章で述べる「日《ひ》の御子《みこ》」という詞章《ししょう》を用いた歌謡の載録《さいろく》や、

第五章と第六章で考察する『記』における「日下《くさか》」・「帯《たらし》」の表記などに、それは端的《たんてき》に現われている。

本書では、こうした『記』・『紀』間の差異に着目し、それらを相互に照応《しょうおう》、収斂《しゅうれん》させることで、古代の天皇をめぐる新たな古代史像の提示を試《こころ》みる。それにかかわる具体的な課題は、律令《りつりょう》制《せい》成立以前の古代の天皇と王権の本質解明であるが、両書の差異から見えてくるのは、古代の天皇が帯《お》びていた強い宗教的性格である。

太平洋戦争前の体制に対する反省に立った、政治と宗教を厳《きび》しく分離する戦後社会のありようは、社会の民主化に大きく貢献したけれども、政治（日常／世俗）と宗教（非日常／非世俗）が一体的であった古代社会に対する正しい理解を困難にした面がある。不夜城《ふやじょう》のごとく照り輝く都市に暮らす現代人にとって、昼と夜を意味の違う別の世界と観念していた古代人の内面は見えにくくなっているのだ。

社会を俗《ぞく》と聖《せい》に分けて理解する二元的な世界観のもとで、政治と宗教が一体的であった古代天皇の特質にこそ、古代史の実像をあきらかにする鍵がある。

本書では、

・古代天皇の名の本質
・仁徳《にんとく》天皇が「オオサザキ」と名づけられたことの歴史的、思想的背景
・『記』にのみ載録された「日の御子」の歌謡の本質と、天皇家が天照大神《あまてらすおおみかみ》を祖《そ》神《しん》としたこととの関連、および伊勢《いせ》神宮の創祀《そうし》時期
・『記』が「日下」と「帯」の表記にこだわった本当の理由
・『隋書《ずいしょ》』倭国伝《わこくでん》に、「倭王は天《てん》を以《もっ》て兄となし、日《ひ》を以て弟となす」と記《しる》されたことの実態
・百済《くだら》から伝えられた仏教を天皇が受容できなかった本当の理由と、古代の天皇の宗教的性格

などについて『記』・『紀』の比較から考察を深め、古代の天皇が帯びていた宗教的性格と天皇家の祖神信仰の形成に関する問題について私見を述べ、新たな古代史像を描出したい。

ちなみに、本書では神話伝承や説話、歌謡などを扱うことが多いが、それら『記』・『紀』の所伝に向きあう基本的な姿勢について記しておこう。

戦後の古代史学の研究では、史料批判に耐える確実な史料だけを採用し、神話・説話をはじめ、曖昧《あいまい》な内容の記事を取り上げることが少なかったように思う。神話伝承や説話的所伝は、そのままの事実を語るものではないから、それは堅実な手法であるが、『記』・『紀』にはそれらを載《の》せるべき理由があったに違いなく、史料の僅少《きんしょう》な古代史の研究において、切り捨てるのはもったいない。注意深く扱い、載せた理由を解明することで、有効な史料として利用することが可能である。

ただ、本書では古代史上の大きな問題について述べるため、関連史料や先行研究の引用が多くなり、やや煩《わずら》わしい記述も避《さ》けられないが、諒解《りようかい》されたい。なお、本書は八章で構成されるが、各章の内容は相互に連関しながらも個別の課題について論じているので、章の順序にかかわらずにお読みいただくことも可能である。

二〇一五年六月

平林《ひらばやし》 章仁《あきひと》

目次

第二章　古代天皇は「日《ひ》の御子《みこ》」か？

第三章　『万葉集』の「日《ひ》の皇子《みこ》」を読み解く

第四章　天皇家の太陽神信仰の起源

第五章　『古事記』に見える、畿内《きない》と九州の交流

第六章　天《てん》と日《ひ》の思想と天照大神《あまてらすおおみかみ》

第七章 仏教受容と石上《いそのかみ》神宮から探る、天皇の本質

写真（指定以外）　平林章仁
図表作成　篠　宏行

第一章

古代天皇の名前と鳥霊《ちようれい》信仰

『記』・『紀』の違い

広く知られることであるが、『記』序文には、

帝紀《ていき》と本辞《ほんじ》の混乱を憂《うれ》えた天武《てんむ》天皇がその削偽定実《さくぎていじつ》を企図《きと》し、舎人《とねり》の稗田阿礼《ひえだのあれ》に帝皇日継《ていおうひつぎ》と先代旧辞《せんだいきゆうじ》を誦《よ》み習わせたけれども、天皇の崩御《ほうぎょ》で中断した。元明《げんめい》天皇の和銅《わどう》三（七一〇）年に都《みやこ》が平城宮《へいじょうきゆう》に遷《うつ》り、天皇が旧辞の誤忤《ごご》を惜《お》しみ先《せん》紀《き》の謬錯《びゆうさく》を正そうとして、翌和銅四年九月に稗田阿礼の誦んだ勅語《ちよくご》の旧辞を太朝臣安万侶《おおのあそんやすまろ》に撰録させ、和銅五（七一二）年正月に完成した。

とある。

『記』は上・中・下の三巻から成るが、上巻（神代記《じんだいき》）は神々を主人公にした神話であり、中巻の初代神武《じんむ》天皇から人代《ひとのよ》となるが、伝説的な記事が多く、十五代応神《おうじん》天皇におよぶ（図表1）。実録風の記事が増えるのは下巻からであり、五世紀前半に比《ひ》定《てい》される十六代仁徳《にんとく》天皇から五九二年十二月に即位する三十三代推古《すいこ》天皇までを載せている。

仁徳天皇を下巻の巻頭に置いたのは、ここから新しい時代が始まるという歴史観の

図表1　古代天皇の略系図

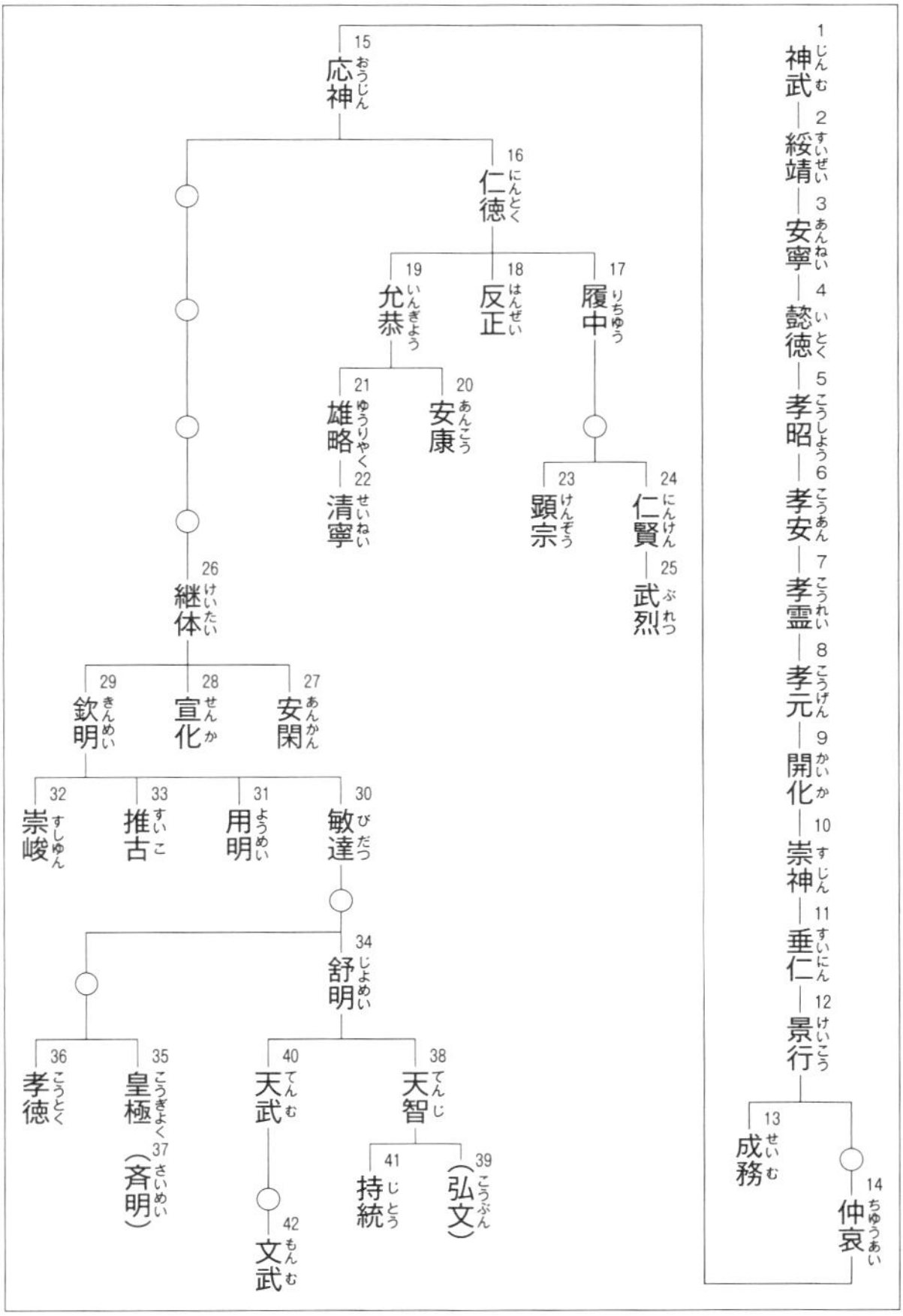

※数字は代数。弘文天皇は、明治3(1870)年に加えられた

反映であろう。ただし、説話や歌物語などの旧辞的な記事は二十三代顕宗《けんぞう》天皇までであり、次の二十四代仁賢《にんけん》天皇から推古天皇までは帝紀（系譜と年代記《ねんだいき》）的な記事のみとなるが、仁徳天皇から顕宗天皇の代はおおむね五世紀代におさまる。

この五世紀はまた、讃《さん》・珍《ちん》・済《せい》・興《こう》・武《ぶ》のいわゆる「倭《わ》の五王《ごおう》」が中国・南朝に遣《けん》使朝貢《ちょうこう》を繰《く》り返した積極外交の時代であるが、背景には東アジアにおける国際的緊張の高まりが存在した。国内的には、各地で大規模な前方後円墳がさかんに築造され、社会の階層化や列島内の政治的統合の進展がうかがわれるが、なかでも天皇陵と目《もく》される巨大古墳は河内《かわち》地域（現・大阪府南部）の古市《ふるいち》や毛受《もず》（百舌鳥）の地に集中して築造された。

いっぽう、『紀』は、天武天皇十（六八一）年二月に「律令を定め、法式《のり》を改めむと欲《おも》ふ」とあって浄御原令《きよみはらりょう》の編纂を命じ、同じく三月には川嶋皇子《かわしま》以下十二名に「帝紀及び上古諸事《じょうこしょじ》」、すなわち歴史書の記定を命じ、その翌年三月に境部連石積《さかいべのむらじいわつみ》らに「新字《にいな》一部四十四巻」を造《つく》らせ、表記・表現の統一を図《はか》っていることなどから、『記』と同じ天武朝に、かつ浄御原令と同時に編纂が始まったと見られる。

その完成は、『続日本紀《しょくにほんぎ》』に「一品舎人親王《いっぽんとねり》、勅《みことのり》を奉《う》けたまはりて日本紀を修《あ》む。是《ここ》に至りて功《くう》成りて奏上《さしあ》ぐ。紀卅《三十》巻系図一巻なり」とあるように、元正《げんしょう》天皇の養老《ようろう》四（七二〇）年五月のことであった。一・二巻は神話を載せるので神代紀《じんだいき》とも呼ばれ、三巻以降が人代となるが、巻が下るほどに記事の分量が増えるとともに信憑《しんぴょう》性《せい》も高くなる傾向にある。『記』は古い時代に、『紀』は今、新しい時代に関心が高いと言えよう。

なお、『紀』の編纂開始が浄御原令の編纂、その完成が養老二年から始まった養老《ようろう》律令《りつりょう》の撰定と、いずれも相前後しているのは偶然ではない。古代には、歴史は法と並び、かつ法とは別の異質な社会規範とする、今日の我々とは違った歴史に対する観念が存在したことを示している。

これは、『記』序文が天武天皇の言葉として記す、歴史は「邦家《ほうか》の経緯《けいい》、王化《おうけ》の鴻《こう》基《き》」、すなわち国家の根本的組織、天皇統治《とうち》の基礎であるとする観念に通じる。

天皇の名は、どのようにつけられたか？

では、古代天皇の名の由来やその名の意味などから、その実像に迫ってみよう。

古代における命名の実態は必ずしも明瞭でないが、十一代垂仁《すいにん》天皇の時の、沙本毘古《さほひこ》王と天皇の后《きさき》になっていた妹の沙本毘売命《さほひめのみこと》の兄妹が、近親相姦《きんしんそうかん》の禁忌《きんき》（タブー）を破ったことで悲劇に終わる物語が参考になる。

沙本毘売命は沙本毘古王からの「垂仁天皇を刺し殺せ」という指示をはたせずに、秘事《ひめごと》が露見して兄妹で逃亡する。最後に稲で城を築いて戦うが、沙本毘売命は稲城《いなき》に火が迫る中で御子を出産した。その御子の命名について、垂仁天皇記は次のように伝える。

亦《また》天皇、其《そ》の后《きさき》に命詔《みことの》りしたまひしく、「凡《おほよ》そ子の名は必ず母の名づくるを、何とか是《こ》の子の御名《みな》をば称《まを》さむ」とのりたまひき。爾《ここ》に答へて白《まを》しく、「今、火の稲城を焼く時に当《あた》りて、火中《ほなか》に生《あ》れましつ。故《かれ》、其の御名は本牟智和気御子《ほむちわけのみこ》と称すべし」と白しき。又《また》命詔りしたまひしく、「何《いか》に為《し》て日足《ひたし》し奉《まつ》らむ」とのりたまへば、答へて白ししく、「御母《みおも》を取り、大湯坐《おほゆゑ》、若湯坐《わかゆゑ》を定めて、日足《ひたし》し奉るべし」とまをしき。故、其の后の白せし随《まにま》に日足し奉りき。

ここからわかることは、一般には命名や養育（日足し）は、子の母と彼女の出身集団の行なうものであったことである。母方《ははがた》が命名の権利を持ち、かつそのことが子の養育権所有を象徴する行為でもあったため、養育集団の名が、子の名になることも少なくなかった。

ただし、これ以外にも多様な命名が行なわれていたことは、以下に述べるとおりであるが、その前に、本書における天皇についての表記の基準について述べておこう。

『記』・『紀』に登場する古代天皇について記す際に、「天皇」号の成立は、早く見る立場でも七世紀前半以降であるから、天皇号を付《ふ》さずに単に応神・仁徳、あるいは「大王《おおきみ》」号を付して応神大王・仁徳大王などと表記されることが多い。

しかし、応神・仁徳などは中国風の死後の贈り名《おくりな》、いわゆる漢風諡号《かんぷうしごう》であり、神武から持統《じとう》までと元明・元正については八世紀後半の文人貴族、淡海三船《おうみのみふね》が天平宝字《てんぴょうほうじ》六（七六二）年から同八年頃に撰定したものであり（『釈日本紀《しゃくにほんぎ》』巻九）、『記』・『紀』には本来記されていなかった名である。

つまり、古代の天皇表記について、天皇号よりも成立の新しい漢風諡号だけで表記するのは矛盾《むじゅん》しているし、大王号も制度化された称号ではなく、その訓であるオオキミは天皇以外の王族にも尊称として用いられるから、これも正確とは言い難《がた》い。かといって、たとえば推古天皇の豊御食炊屋比売命《とよみけかしぎやひめのみこと》といった、いわゆる国風諡号《こくふうしごう》（日本風の死後の贈り名）は長くて煩瑣《はんさ》であるし、実名が判明しているわけでもない。

それで、ここでは次善《じぜん》の方策として、慣例にしたがって漢風諡号に天皇号を付して表記することにする。ただし、取り扱う五世紀から七世紀中頃に、この呼称が存在していたことを認めているわけではない。

仁徳《にんとく》天皇陵の不思議な伝承

大阪府堺《さかい》市にある大仙《だいせん》古墳（仁徳天皇陵。写真1）は、墳丘《ふんきゅう》全長が四八六メートルという最大の前方後円墳であり、人民の窮乏《きゅうぼう》を知って宮殿の修造を控えたことで聖帝《せいてい》と称《たた》えられた、仁徳天皇を葬《ほうむ》った百舌鳥耳原中陵《もずのみみはらなかのみささぎ》に治定《じじょう》されているが、それが正しいかは定かでない。

写真1 百舌鳥《もず》古墳群

仁徳天皇陵（手前の前方後円墳）、①履中《りちゅう》天皇陵、②狐山《きつねやま》古墳、③長塚《ながつか》古墳、④いたすけ古墳などが見える

（写真：共同通信社／アマナイメージズ）

ところで、仁徳天皇紀六十七年条《じょう》は、天皇が生前に自分の墓を築造しようとした際、次にひく不思議な出来事があったと記している。

（十月五日）河内の石津原《いしつのはら》に幸《いでま》して、陵地《みさざきのところ》を定めたまふ。

（十八日）始めて陵を築《つ》く。是《こ》の日に、鹿《か》有りて、忽《たちまち》に野の中より起《おこ》りて、走りて役民《えのたみ》の中に入りて仆《たふ》れ死ぬ。時に其《そ》の忽に死ぬることを異《あやし》びて、其の痍《きず》を探《もと》む。即《すなは》ち百舌鳥《もず》、耳より出《い》でて飛び去りぬ。因《よ》りて耳の中を視《み》るに、悉《ことごとく》に咋《く》ひ割《か》き剥《は》げり。故《かれ》、其の処《ところ》を号《なづ》けて、百舌鳥耳原《もずのみみはら》と曰《い》ふは、其れ是の縁《ことのもと》なり。

すなわち、「仁徳天皇は河内の石津原（現・大阪府堺《さかい》市）を陵地《りょうち》と定め、築陵《ちくりょう》を始めた。その築陵初日に、走り出てきた鹿《しか》が人夫の中で倒れて死んだ。不思議に思い調べさせたところ、百舌鳥が鹿の耳から飛び去った。そこで鹿をよく見ると、耳が咋い割《さ》かれていた。そこを百舌鳥耳原と言うことの起源はこれに由《よ》る」、と伝える。

これは百舌鳥耳原の地名起源物語でもあるが、実に不可解な内容である。また、古代の人々にとって、鳥獣《ちょうじゅう》は単に狩猟や飼育、観賞の対象だけではない。この分析と考察は、以前に行なったので（参考文献107。以下、カッコ内数字は同）、結論のみを略記する。

耳割鹿《みみさけしか》

日本では古くから、鹿は猪《いのしし》と並ぶもっとも一般的な狩猟獣であったが、現代においても、奈良公園に遊ぶ春日《かすが》大社の神鹿《しんろく》に例を見るように、神の使い、あるいは神の象徴として、霊的威力を有《ゆう》する聖獣《せいじゅう》と見られてきた。

それは、鹿の若角《わかづの》（鹿茸《ろくじょう》）の滋養強壮《じようきようそう》にすぐれた薬効や、毎年抜け落ちては新しく生《は》え替わる鹿角《ろつかく》の不思議などが、再生《さいせい》や不老長生《ふろうちようせい》、永遠の生命を希求《ききゆう》する観念と結びついて形成されたもので、稲作を中心とする弥生《やよい》文化の一部として、日本にもたらされた。

鹿を神聖な獣《けもの》と見る所伝にかかわって注目されるのが、信濃《しなの》の諏訪《すわ》大社（現・長野県諏訪湖岸に鎮座《ちんざ》する式内《しきない》名神《みようじん》大社、南方刀美《みなかたとみ》神社）前宮《まえみや》で旧暦三月酉《とり》の日に行なわれる「御俎揃《おまないたそろえ》（酉日祭《とりのひのまつり》）」と称された神事《しんじ》である。

ここで、古代の神社について簡単に述べておこう。
延喜式内社《えんぎしきないしゃ》（式内社）とは、朝廷の祭祀を管掌する神祇官《じんぎかん》の管轄下にあり、祈年祭《としごいのまつり》には朝廷からお供《そな》え物《もの》である幣帛《へいはく》を班《わか》つよう法律で定められ、『延喜式』神名帳《じんみょうちょう》に掲載された神社のことである。そして、その中の大社《たいしゃ》は、幣帛の量や扱いが特別な格の高い神社を指す。名神《みょうじん》大社とは、祈雨《あまごい》などの際に名神として朝廷から特別に幣帛が奉げられる大社であり、古代の神社の格を示している。

さて、諏訪大社の神事では今日《こんにち》、剥製《はくせい》を用いているが（写真2）、かつては狩猟で獲《え》た七五もの血の滴《したた》る鹿の頭を一五の俎《まないた》の上に並べたという。

この鹿にかかわり、諏訪大社の七不思議のひとつとして、耳割鹿《みみさけしか》がある。すなわち、「七十五の鹿の頭の中に必ずひとつだけ左耳の割けたのが混じっていた。これは神の矛《ほこ》にかかったのであると言って、別の俎に載せた」という。

耳割鹿については、すでに次のような的確な指摘がある。

すなわち、獣の耳を切り割く、あるいは切り取るのは、本来は個々の占有を証明するためのものであったが、のちには神の祭にかぎられることになり、その祭儀に奉仕

写真2　神に供《そな》える鹿の頭（剝製《はくせい》）

五穀豊穣《ごこくほうじょう》を祈念して4月15日に行なわれる、諏訪大社前《まえ》宮《みや》固有の神事《しんじ》「御俎揃《おまないたそろえ》」で、鹿肉とともに供えられる

する獣の耳を切り取るようになった。耳割鹿は、祭祀儀礼《さいしぎれい》の場で何らかの宗教的役割を担《にな》うために聖別された特別な鹿であり、神の意思によって聖別された特別な鹿であることの象《しるし》であった（149）。

要するに、耳を割き取られた鹿は、「白羽の矢が立った」鹿と同じく、特別なものとして聖別された鹿であった。仁徳天皇の陵地とされた河内・石津原の地主神《じぬしがみ》を象徴する神聖な鹿であったために、耳が割けていたのである。

それは、けっして百舌鳥の仕業《しわざ》で

はなかった。とすれば、天皇の陵地の地主神を象徴する神聖な鹿の耳から百舌鳥が飛び去ったということは、何を意味するのだろうか。

飛び去った百舌鳥《もず》

百舌鳥（写真3）は燕雀目《えんじやくもく》の鳥である。冬の間の餌《えさ》とするのであろうか、晩秋に捕《と》らえた昆虫や蛙《かえる》、蜥蜴《とかげ》などを尖《とが》った木の枝などに刺し貫《つらぬ》いておく、いわゆる「百舌鳥の速贄《はやにえ》」は少々残虐《ざんぎやく》で神秘的な光景である。

スズメよりやや大きく、黒ずんだ色の目立たないこの鳥が、神話に登場することはない。神聖な鹿の耳から飛び去ったことの意味を、百舌鳥そのものからあきらかにすることは難しい。しかし、この場合の百舌鳥を鳥一般、あるいは他の「あるもの」の象徴と見れば、必ずしも難解ではない。

古代の伝承に登場する、あるいは器物《きぶつ》に描かれる動物や生物などについては、古代社会の宗教や古代人の心意に沿った理解、考察が必要であるが、目下《もつか》の課題は鳥である。『記』・『紀』などの神話や説話には鳥の活躍が記され、古代の器物には鳥の象《かたち》が

写真3　モズ（百舌鳥）

ハタネズミを枝に刺し、速贄《はやにえ》を完成させたところ

（写真：アマナイメージズ）

描かれているが、そこには鳥に対する特別な宗教的観念、呪的《じゅてき》な信仰のあったことがうかがわれる。この鳥に対する特別な呪術宗教的な観念を、鳥霊信仰と言う。

鳥霊信仰とは、鳥を神の使いと見なし、あるいは神や霊魂が鳥に乗って神の世界やあの世へ自由に移動できると考え、さらには神や霊魂そのものが鳥の姿で顕現《けんげん》すると信じて、鳥をことさらに神聖視し、崇敬することを言う。

先の百舌鳥もその一例であるが、こうした鳥霊信仰は、神や霊魂はその依《よ》るべき事物《じぶつ》や肉体から離れて、自由に別世界へ飛翔することができるという、神や霊魂の自律性、不滅性にかかわるもっとも原初的な思考と、鳥が天空を自在に飛翔し時季を決めて定期的に飛来するという、生態の不思議さが結合して成立したものと考えられる。

鳥霊信仰のもとでは、鳥の羽や鳥形《とりがた》が呪的機能を有する呪具《じゅぐ》とされ、それを用いて多様な呪術や儀礼が執《と》り行なわれていた。シャマンは鳥の衣装をまとい、鳥の羽を刺した冠帽《かんぼう》を着けることで、鳥に変身するとともに、鳥の言葉を理解し、他界（あの世《よ》）と自由に往来できるものと信じられた。

かつて、朝鮮半島から北アジアでは、長い竿《さお》の先に鳥形をつけた鳥竿《ちょうかん》（図表2）が村境《むらざかい》などに立てられていた。それは、東南アジアのタイやカンボジアでも見られたが、鳥形こそつけられないが、わが国の鳥居《とりい》も本来の機能は同じである。鳥形木製品は弥生時代から見られ、古墳からも多く出土している。

要するに、この百舌鳥は耳割鹿の霊であり、耳割鹿の象徴した石津原の陵地の霊、さらには地主神そのものであった。

「百舌鳥の高鳴《たかな》き七十五日」という諺《ことわざ》があり、秋が深まり百舌鳥が空高くで高鳴きすれば七十五日後には霜《しも》が降る、と信じられた。ただ、この高鳴きは、速贄を準備する百舌鳥の縄張《なわば》りの主張である。百舌鳥は一羽だけで縄張りを主張する鳥であったから、陵地の地主神を他所《よそ》へ遷《うつ》し遣《や》る儀礼において、鹿の耳から飛翔する地主神の象徴として用いられたのであろう。

すなわち、百舌鳥耳原の物語は、仁徳天皇陵の造営予定地の地主神を象徴する神聖な耳割鹿から、地主神に見立てられた百舌鳥を飛翔させて地主神を遷却《せんきゃく》させる、天

図表2 鳥竿《ちょうかん》

竿《さお》の上に木製の鳥をつける。朝鮮半島ではソッテ、中国東北部ではソモなどと呼ばれる。日本でも、各地の遺跡から出土している

（秋葉隆著『朝鮮民俗誌』より）

皇陵造営時の呪術的儀礼が説話化したものである。陵地の地主神を他所へ遷し遣ることによって、造陵の安全が保障され、陵の完成後は被葬者が地主神に代わってその地の主になる（被葬者の安寧《あんねい》が確保される）と観想されたのである。

右の復原《ふくげん》が正しいことは、古墳造営に伴《ともな》うこの儀礼が、ほかの地域でも同様に執り行なわれていたことから証明される。

二十六代継体《けいたい》天皇の三嶋藍野《みしまのあいの》陵に治定されている太田茶臼山《おおたちやうすやま》古墳（全長二二六メートル、現・大阪府茨木《いばらき》市）や、真の継体天皇陵と目《もく》される今城塚《いましろづか》古墳（全長一九〇メートル、現・同府高槻《たかつき》市）の分布する三嶋野《みしまの》古墳群の中に、現存全長二二メートルの耳原《みのはら》古墳（円墳、現・同府茨木市耳原）がある。

この所在地の地名が「毛受野《もずの》」である。王陵伝承を持つ巨大古墳に近接する地に、毛受と耳原という特殊な地名が重なって分布することは、ここ三嶋野古墳群でも右と同様な呪的儀礼が執り行なわれていたことを示している。

白鳥となったヤマトタケル

古くから人間が死ぬと、霊魂は肉体を離れてあの世に赴《おもむ》くと見なされたが、その際にも鳥に乗り、あるいは鳥と化して逝《ゆ》くものと考えられた。喪葬《そうそう》儀礼でも鳥が必要だったのであり、古墳から出土する鳥形《とりがた》木製品や鳥形埴輪《はにわ》は、そのための「死者の鳥」であった。六世紀の北部九州に特徴的な、横穴式石室の壁面に彩色画を描いた装飾古墳に、舳先《へさき》に鳥が留《と》まっている「死者の船」が描かれているのも同じである。

鳥霊信仰にもとづく呪的な儀礼は、農耕祭祀や出産、喪葬などの儀礼に際して、さまざまに執り行なわれていた。本章の主題である仁徳天皇が「オオサザキ（サザキはミソサザイという鳥を指す）」と名づけられことの理解にかかわり、鳥霊信仰にもとづく代表的な物語を紹介しよう。

左は、悲劇に終わる古代の英雄日本武尊《やまとたけるのみこと》（倭建命）が、死後に白鳥と化《か》して飛翔したという物語である。十二代景行《けいこう》天皇の皇子ヤマトタケルは、東方地域を征圧後の帰路、伊吹《いぶき》山の神に苦しめられ、伊勢《いせ》国の能褒野《のぼの》（現・三重県鈴鹿《すずか》市から亀山《かめやま》市あたり）で亡くなった。その葬送について、景行天皇紀四十年是歳《このとし》条は、次のように記している。

即《すなは》ち群卿《まへつきみたち》に詔《みことのり》し百寮《つかさつかさ》に命《みことおほ》せて、仍《よ》りて、伊勢国の能褒野陵《のぼののみささぎ》に葬《はぶ》りまつる。時に日本武尊《やまとたけるのみこと》、白鳥《しらとり》と化《な》りたまひて、陵《みささぎ》より出で、倭国《やまとのくに》を指《さ》して、飛びたまふ。群臣等《まへつきみたち》、因《よ》りて、其の棺櫬《ひつぎ》を開きて視《み》たてまつれば、明衣《みそ》のみ空《むな》しく留《とど》まりて、屍骨《みかばね》は無し。是《ここ》に、使者《つかひ》を遣《つかは》して白鳥を追ひ尋《もと》めぬ。則《すなは》ち倭の琴弾原《ことひきのはら》に停《とど》まれり。仍《よ》りて其の処に陵を造る。白鳥、更《また》飛びて河内に至りて、旧《ふる》市邑《いちのむら》に留《とど》まる。亦《また》其の処に陵を作る。故《かれ》、時人《ときのひと》、是《こ》の三の陵を号《なづ》けて、白鳥《しらとりの》陵《みささぎ》と曰《い》ふ。然《しかう》して遂《つい》に高く翔《と》びて天《あめ》に上《のぼ》りぬ。徒《ただ》に衣冠《みそかがふり》を葬《をさ》めまつる。因りて功名《みな》を録《つた》へむとして、即ち武部《たけるべ》を定む。

ここではヤマトタケルの霊魂ではなく、彼の屍《しかばね》そのものが白鳥と化して、伊勢の能褒野→倭の琴弾原（現・奈良県御所《ごせ》市の南部）→河内の旧市邑（現・大阪府羽曳野《はびきの》市）→天へと飛翔したという。ただし『記』では、倭の琴弾原のことは見えない。

なお、墓の中の屍がなくなって他界へ赴いたというのは、不老長生を希求する中国の宗教、道教《どうきょう》に言う尸解仙《しかいせん》と同じであり、道教思想の影響も見られる。尸解仙とは

仙人《せんにん》になるための方法のひとつで、四世紀はじめに東晋《とうしん》の葛洪《かっこう》が著《あら》わした道教関係の書、『抱朴子《ほうぼくし》』内篇《ないへん》には、次のようにある、

最上の道士《どうし》は肉体のまま虚空《おおぞら》に昇る。これを天仙《てんせん》と言う。中位の道士は名山《めいざん》に遊ぶ。これを地仙《ちせん》と言う。下位の道士はいったん死ぬが、あとで見ると蟬《せみ》のように蛻《もぬけ》の殻《から》。これを尸解仙と言う。

旧・長崎県下県郡《しもあがたぐん》厳原町《いづはらまち》（現・対馬市《つしまし》）の漁村では、スヤという墓上の屋形《やかた》の棟《むね》に、近年まで燕形《つばめがた》木製品をつけていた（73）。今日でも、三重県や大阪府地域の葬儀では、出棺の際に、多くの鳩《はと》を放つことがある。

陳寿《ちんじゅ》（二三三〜二九七年）が編纂した中国・三国（魏《ぎ》・呉《ご》・蜀《しょく》）時代の歴史書『三国志《さんごくし》』魏書弁辰《ぎしょべんしん》（のちの伽耶《かや》／任那《みまな》、現・朝鮮半島南部地域）伝《でん》にも、「大鳥の羽根を用いて死者を送るが、それは死者を『天上に』飛揚《ひよう》させたいからである」とあり、鳥霊信仰にもとづいた喪葬儀礼はわが国だけではなかった。

鵜《う》の羽が葺《ふ》かれた産屋《うぶや》

古くは、人が亡くなると、霊魂は鳥になって屍から離れるが、誕生したばかりの赤ちゃんも人となるには、霊魂が体内に入らなければならないと観念された。その霊魂は鳥に乗り、あるいは鳥と化して飛来すると信じられた。

左はそのことを示す、初代天皇神武《じんむ》の父が誕生する際の物語であるが、ここでは神代記の所伝を紹介しよう。それは、借りた釣針《つりばり》を失ったことで兄弟が争い、復讐《ふくしゆう》するという、南九州に住む隼人《はやと》系の神話である。

弟の山佐知毘古《やまさちびこ》（山幸彦）は、兄から借りて失った釣針を求めて海神宮《わたつみのみや》に行き、海神の娘、豊玉毘売命《とよたまひめのみこと》と結ばれた。弟は海神の助けで、釣針を兄の海佐知毘古《うみさちびこ》（海幸彦）に還《かえ》して復讐し、妻の豊玉毘売命は子を産むために、海辺に上がって来た。

爾《ここ》に即《すなは》ち其《そ》の海辺の波限《なぎさ》に、鵜《う》の羽を葺草《かや》に為《し》て、産殿《うぶや》を造りき。是《ここ》に其《そ》の産殿、未《いま》だ葺《ふ》き合《あ》へぬに、御腹《みはら》の急《あわただ》しさに忍《しの》びず。故《かれ》、産殿に入り坐《ま》しき。爾《ここ》に産みまさむとする時に、其の日子《ひこぢ》に白《まを》したまひしく、「凡《すべ》て佗国《あだしくに》の人は、産む時に臨《な》れば、本《もと》つ国の形を以《も》ちて産生《う》むなり。故《かれ》、妾《あれ》今、本の身を以ちて産まむとす。願はくは、妾をな見たまひそ」と言《まを》したまひき。是に其の言《こと》を奇《あや》しと思ほして、其の産まむとするを竊伺《かきま》みたまへば、八尋和邇《やひろわに》に化《な》りて、匍匐《は》ひ委蛇《もこよ》ひき。即ち見驚き畏《かしこ》みて、遁《に》げ退《そ》きたまひき。……是を以ちて其の産みまし御子を名づけて、天津日高日子波限建鵜葺草葺不合命《あまつひこひこなぎさたけうがやふきあへずのみこと》と謂《い》ふ。

母の豊玉毘売命が、あまりにも急に産気《さんけ》づいたために、産屋に鵜の羽を葺き終わらない間に鵜葺草葺不合命が産まれたという。豊玉毘売命の正身が巨大なワニザメ（八尋和邇）であったというのは彼女の種姓《すじょう》を示し、出産の様子を見てはならないという禁忌《きんき》（タブー）が語られているのは、異界との婚姻ではそれが禁室《きんしつ》の秘儀であったことを物語る。

これも、鳥――この場合は鵜が、新生児の霊魂を運んでくるという鳥霊信仰にもとづいて、産屋の屋根を鵜の羽で葺き飾る呪術と、その鳥＝霊魂を招き入れるために、かつて沖縄でも見られた産屋の屋根の一部をわざと葺き残しておく習俗を、神話的に表現したものである(74)。西洋でも母親が子どもに、「鸛《こうのとり》が赤ん坊を運んでくる」と説明するが、これも苦しまぎれの思いつきではない。

なお、弥生時代前期から中期の人骨が多数検出された山口県豊浦《とようら》郡の砂丘《さきゅう》にある土井《どい》ケ浜《はま》遺跡からは、鳥を副葬した女性人骨が出土している（53）。海人《あま》＝海洋民は、鳥を出産・喪葬の両儀礼に用いていたのだ。

名前を取り換えた応神《おうじん》天皇

仁徳天皇が大雀命《おおさざきのみこと》（大鷦鷯尊）と名づけられたことの歴史的、思想的な背景を考察するうえでも、右述のことはおおいに参考になる。

オオサザキの場合は易名《えきめい》、すなわち名の取り換えによる命名であることから、この問題から見ていこう。ただし、仁徳天皇の父である応神天皇にも易名物語が伝えられることから、まずはそれから紹介する。

応神天皇には大鞆和気命《おおともわけのみこと》・誉田別尊《ほむたわけのみこと》（品陀和気命、ワケは尊称）というふたつの名が伝えられるが、仲哀天皇記《ちゅうあいてんのうき》は、命名の理由について次のように伝える。

此の太子《ひつぎのみこ》の御名《みな》、大鞆和気命《おほともわけのみこと》と負《おほ》せる所以《ゆゑ》は、初めて生《あ》れましし時、鞆《とも》の如《ごと》き宍《しし》、御腕《みただむき》に生《あ》りき。故、其の御名に著《つ》けき。

つまり「オオトモワケと名づけたのは、誕生した時、弓を射る際に、弦《つる》の反動を防ぐ鞆のような肉（宍）の盛り上がりが、腕の上にあったからである」と伝える。ただし、ここではホムタワケという名との関係は説明されていない。

いっぽう、応神天皇即位前紀には、

初め天皇在孕《はらま》れたまひて、……既《すで》に産《あ》れませる時に、宍《しし》、腕《ただむき》の上に生《お》ひたり。其の形、鞆《ほむた》の如し。是《これ》、皇太后《おほきさき》の雄《をを》しき装《よそひ》したまひて鞆を負《は》きたまへるに肖《あ》えたまへり。……故《かれ》、其の名《みな》を称《たた》へて、誉田《ほむた》天皇と謂《まう》す。

と同様の記載があり、加えて分註《ぶんちゅう》で「上古《いにしへ》の時の俗《ひと》、鞆《とも》を号《い》ひて褒武多《ほむた》と謂《い》ふ」とあることから、鞆をホムタとも言ったことがわかり、彼の名オオトモワケとホムタワケの関係が諒解される。

ところが、それに続く異伝は、その名について次のように記す。

一《ある》に云《い》はく、初め天皇、太子《ひつぎのみこ》と為《な》りて、越国《こしのくに》に行《いでま》して、角鹿《つぬが》の笥飯大神《けひのおほかみ》を拝《を》祭《が》みたてまつりたまふ。時に大神《おほかみ》と太子と、名《みな》を相易《あひか》へたまふ。故《かれ》、大神を号《なづ》けて、去来紗《いざさ》別神《わけのかみ》と曰《まう》す。太子をば誉田《ほむた》別尊《わけのみこと》と名《なづ》くといふ。然《しか》らば大神の本《もと》の名《みな》を誉田別神《ほむたわけのかみ》、太子の元の名をば去来紗別尊《いざさわけのみこと》と謂《まう》すべし。然れども見ゆる所なくして、未だ詳《つばひらか》ならず。

すなわち、太子となって越国に行き、角鹿の笥飯大神（越前《えちぜん》国敦賀《つるが》郡／現・福井県敦賀市に鎮座する式内名神大社の気比《けひ》神社の神）と、たがいに名を取り換えた。それなら太子の元の名は去来紗別尊と申すことになるが、所伝がなく未詳である、と伝える。

即位前の応神天皇が、気比神社の神と名を取り換える易名伝承であるが、これについては仲哀《ちゅうあい》天皇記でも、次のように記している。

故《かれ》、建内宿禰命《たけしうちのすくねのみこと》、其の太子《ひつぎのみこ》を率《ゐ》て、禊《みそぎ》せむと為《し》て、淡海及若狭国《あふみまたわかさ》を経歴《へ》し時、高志《こし》の前《みちのくち》の角鹿《つぬが》に仮宮《かりみや》を造りて坐《いま》さしめき。爾《ここ》に其地《そこ》に坐す伊奢沙和気《いざさわけ》の大神《おほかみ》の命《みこと》、夜の夢《いめ》に見えて云《の》りたまひしく、「吾《わ》が名《な》を御子《みこ》の御名《みな》に易《か》へまく欲《ほ》し」とのりたまひき。爾《ここ》に言禱《ことほ》きて白《まを》ししく、「恐《かしこ》し、命《みこと》の随《まにま》に易《か》へ奉《まつ》らむ」とまをせば、亦《また》其の神《かみ》の詔りたまひしく、「明日《あす》の旦《あした》、浜に幸《い》でますべし。名を易へし幣《まひ》献《たてまつ》らむ」とのりたまひき。故、其の日浜に幸行《い》でましし時、鼻毀《やぶ》りし入《い》鹿魚《るか》、既に一浦《ひとうら》に依れり。是《ここ》に御子、神に白さしめて云《の》りたまひしく、「我《あれ》に御食《みけ》の魚給《なたま》へり」とのりたまひき。故、亦其の御名を称《たた》へて、御食津《みけつ》大神と号《なづ》けき。故、今に気比《けひ》大神と謂《い》ふ。亦其の入鹿魚の鼻の血臭《くさ》かりき。故、其の浦を号けて血浦《ちうら》と謂ひき。今は都奴賀《つぬが》と謂ふ。

敦賀（角鹿／都奴賀）の地名起源物語で結ばれているが、「易名の証《あかし》に気比大神（伊奢沙和気大神）が天皇に角鹿の入鹿魚を御食《みけ》として献上した」ということが本来の主題である。重要なことは、即位前の応神天皇が気比神社の神と名を取り換えたという所伝が存在したことである。

易名《えきめい》儀礼

こうした易名伝承は、事実の所伝とするよりは、当時の出産や成年式など成長の段階ごとに執り行なわれた儀礼での命名の習俗、さらには集団間で政治的関係を結ぶ際の献名《けんめい》儀礼などが、説話伝承化したものであろう。ホムタや次述するサザキなどは、祝福や服属の意《い》を込めて、他者から献上された名前であった。

古代において、名を贈答することには、相互の信頼・服属・忠誠関係など集団間の結合、人間関係を強化するという社会的な機能があった。この場合も、単に名前だけでなく、伊奢沙和気大神が「名を易へし幣献らむ」と、浦を埋め尽くすほどの「入鹿魚」を食料として太子に奉献《ほうけん》しているのは、食料生産地である魚塩《なしお》の地の献上であるとともに、気比大神を奉斎《ほうさい》する集団の服属をも意味する象徴的な儀礼であった。

それは、景行天皇記のヤマトタケルの名の起源伝承からもうかがわれる。それによると、その名は、征討を受けて敗れた南九州の熊《くま》曾《そ》建《たける》が、死に臨《のぞ》んで敵の小碓《おうす》命《のみこと》(倭《やまと》男《お》具《ぐ》那《な》王)に、「是を以ちて吾《われ》御名を献《たてまつ》らむ。今より後は、倭建《やまとたけるの》御子《みこ》と称《たた》ふべし」というものであった。ヤマトタケルの名は、死《し》に体《たい》のクマソタケルから献上された名であった。

ミミズクとミソサザイ

鳥霊信仰や易名儀礼について述べてきたのは、ひとえに仁徳天皇紀元年正月条に見える、仁徳天皇の名の由来を理解するためであった。

初《はじ》め天皇生《あ》れます日に、木菟《つく》、産殿《うぶどの》に入《とびい》れり。明旦《くるつあした》に、誉田《ほむた》天皇、大臣《おほおみ》武《たけし》内宿禰《うちのすくね》を喚《め》して語りて曰はく、「是《これ》、何の瑞《みつ》ぞ」とのたまふ。大臣、対《こた》へて言《まう》さく、「吉祥《よきさが》なり。復昨日《またきねふ》、臣《やつかれ》が妻《め》の産《こう》む時に当《あた》りて、鷦鷯《さざき》、産屋《うぶや》に入《とびい》れり。是《これ》、亦異《またあや》し」とまうす。爰《ここ》に天皇の曰はく、「今朕《わ》が子と大臣の子と、同日《おなじひ》に共《とも》に産れたり。並《ならび》に瑞《みつ》有り。是天《あま》つ表《しるし》なり。以為《おも》ふに、其《そ》の鳥の名を取りて、各相《おのおのあひ》易《か》へて子に名《なづ》けて、後葉《のちのよ》の契《しるし》とせむ」とのたまふ。則《すなは》ち鷦鷯の名を取りて太子《みこ》に名けて、大鷦鷯《おほさざき》皇子と曰《のたま》へり。木菟の名を取りて、大臣の子に号《なづ》けて、木菟宿禰と曰《い》へり。是、平群臣《へぐりのおみ》が始祖《はじめのおや》なり。

すなわち、応神天皇のキサキ仲姫命《なかつひめのみこと》が、のちの仁徳天皇を出産した際に木菟が産殿に飛び入った。明朝、父である応神天皇は大臣の武内宿禰を召して、「これは、何の瑞兆《ずいちょう》か」と訊《たず》ねられた。大臣は、「吉祥《きっしょう》です。昨日、私の妻の出産時には、鷦鷯が産屋に飛び入りました。これもまた不思議なことです」と申し上げた。応神天皇は「これはともにめでたいことのしるしだから、おたがいに鳥の名を交換して子につけ、後世への契《ちぎり》としよう」と仰せられ、天皇の御子を大鷦鷯皇子と名づけ、大臣の子は木菟宿禰と名づけたが、これは平群臣の始祖である、と平群氏の始原を語って結んでいる。

『紀』編纂事業の開始と見られる天武天皇十年三月に、川嶋皇子以下十二名に「帝紀及び上古諸事を記定」させた際に、中臣連大嶋《なかとみのむらじおおしま》と平群臣子首《へぐりのおみこびと》が「親《みずか》ら筆を執《と》りて以て録《しる》」したとある。

また、『紀』編纂に向けての史料蒐集《しゅうしゅう》と見られる持統《じとう》天皇五（六九一）年八月には、大三輪《おおみわ》氏以下の一八氏に「其の祖等《おやども》の墓記《おくつきのふみ》」（『釈日本紀』には纂記《さんき》とある）を進上させているが、その中にも平群氏が見える。おそらく、右の原史料は平群氏から出たものであろう。

木菟《つく》は、森に棲《す》む夜行性のミミズクであり、鷦鷯《さざき》は全長一〇センチメートルほどの国内でもっとも小さな鳥のひとつ、ミソサザイ（写真4）である。鳥名に由来する易名伝承として広く知られた物語だが、まことに不思議な内容である。

武内宿禰（『記』は建内宿禰）は、葛城《かつらぎ》氏をはじめ蘇我《そが》氏や平群氏ら臣姓氏族《おみせいうじぞく》の始祖と伝え、この時に産まれた木菟宿禰は、平群氏らの始祖という。この場合の易名には、「後葉の契」とあるように、天皇家と武内宿禰および平群氏の間における強固な

写真４　ミソサザイ

尾羽を立て、さえずるオス。日本の野鳥で最小種のひとつ

（写真：アマナイメージズ）

君臣関係の締結という、政事《せいじ》儀礼的な意味が読み取れる。

もちろん、自然豊かな古代でも、実際に閉鎖的な建物である産屋に、しかも出産時にミミズクやミソサザイが飛び込むことなど、ほとんどありえない。

これは、ミミズクやミソサザイが新生児に霊魂を運んでくる、ないしは新生児の霊魂がそれらに化して飛来するという観念にもとづき、出産時にそれらに見立《みた》てた鳥形呪具の使用されたことが説話化したものであろう。

問題は、取り換えられた名であるとしても、どうして仁徳天皇の名にもっとも小さな鳥の名、サザキ（ミソサザイ）がつけられたかということであるが、それは第四章に譲《ゆず》り、ここでは古代の名についての意識を知るために、名とかかわりの深い「名《な》代《しろ》」（御名代《みなしろ》）について述べよう。

名《な》代《しろ》とは何か？

名代については、その廃止を命じた大化改新《たいかのかいしん》の詔《みことのり》の解釈をはじめ、さまざまな論議があるが、もっとも大きな論点はその設置時期である。

名代とは、天皇や王族名、彼らの宮殿名などをつけた部《べ》のことで、名の主に生産物の貢納《こうのう》と労役の奉仕を義務づけられた集団であると見るのが一般である（36）。

さて問題は、名代の設置時期と目的であるが、これじたい古代史上の大きな問題であるが、細かな考証は割愛し、かつて若干の検討を加えたことの中から、関係する部分の要旨《ようし》を摘記《てきき》しよう（108）。

まず留意されるのは、『紀』には部《べ》の設置記事はあるが、名代の設置記事がないことである。名代の設置を明記するのは『記』のみであり、それらが事実を正確に伝えている保証はないが、『記』の関連記事の分析から、左のことがあきらかとなった。

○『記』が名代と明記するのは、葛城部《かつらぎべ》・壬生部《みぶべ》・蝮部《たじひべ》・大日下部《おおくさかべ》・若日下部《わかくさかべ》・八田部《やたべ》・軽部《かるべ》・刑部《おしさかべ》・河部《かわべ》・白髪部《しらかべ》の一〇の部である。なお、履中《りちゅう》天皇記は、名代と見られる若桜部《わかさくらべ》と伊波礼部《いわれべ》の設置を記すが、名代とは記さない。

○名代の設置者は、仁徳天皇・允恭《いんぎょう》天皇・雄略《ゆうりやく》天皇であり、その設置権は天皇に帰属すると観念されていた。なお、清寧《せいねい》天皇記にも、清寧（白髪大倭根子命《しらかのおおやまとねこのみこと》）天皇には、皇后・御子ともにいなかったので、御名代として白髪部を設置したと雄略天皇記と重複して記すが、そうすれば清寧天皇が自分自身のために名代白髪部を設置したという特異な事例になるが、そのことの信憑性は低い。

○名代の被設置者は、大后石之日売命《おおきさきいわのひめのみこと》・太子《ひつぎのみこ》伊邪本和気命《いざほわけのみこと》・蝮之水歯別命《たじひのみずはわけのみこと》・大日下王《おおくさかのみこ》・若日下王《わかくさかのみこ》・八田若郎女《やたのわかいらつめ》・木梨之軽太子《きなしのかるのひつぎのみこ》・大后忍坂之大中津比売《おおきさきおしさかのおおなかつひめの》命《みこと》・田井中比売《たいのなかつひめ》・白髪太子《しらかのひつぎのみこ》の一〇名であり、皇子・皇女が七名、あとは大《おお》后《きさき》と妃《きさき》である。大后と太子で五名を占《し》める。

○名代号と被設置者名（の一部）が一致するのが八例あり、両者の間に緊密な関係が想定される。

○名代設置記事は仁徳・允恭・雄略の三天皇記に集中し、『記』は仁徳朝から雄略朝までを名代の設置時期と見なしていたことがうかがわれる。応神朝以前は、名代設置の対象と考えられていなかったことを示す点で注目される。

要するに、仁徳朝から雄略・清寧朝にかけて、天皇が各々の后妃《こうひ》や皇子・皇女のために、彼らの名（の一部）を冠《かん》した部を設置した、というのが『記』の名代観である。

ただし、これが正確に事実を伝えているかは別の問題であり、特に実際の設置時期については、さらに考えなければならない。その手がかりは、名代の廃止に隠されていると思われることから、次にそれを分析しよう。

『記』・『紀』で異なる記述

『紀』は、名代の設置については何も記さないが、孝徳《こうとく》天皇の大化改新の実施にかかわり、部の改廃関係記事に、そのことが集中的に見える。やや煩瑣《はんさ》であるが、その関連部分を左に示し、特に重要なところには傍線を引いた。

①大化《たいか》元（六四五）年九月甲申《きのえさる》条の詔：「古《いにしへ》より以降《このかた》、天皇の時毎《みよごと》に、代《しろ》を標《あらは》す民《たみ》を置きて、名《みな》を後《のち》に垂《た》る。……」

②大化二年正月甲子《きのえね》条の詔：「其の一《はじめ》に曰はく、昔在《むかし》の天皇等《たち》の立てたまへる子《こ》代《しろ》の民・処々《ところどころ》の屯倉《みやけ》、及び、別《こと》には臣《おみ》・連《むらじ》・伴造《とものみやつこ》・国造《くにのみやつこ》・村首《むらのおびと》の所有《たもて》る部曲《かき》の民・処々の田荘《たどころ》を罷《や》めよ。……」

③大化二年三月壬午《みずのえうま》条の中大兄《なかのおおえ》皇子への諮問《しもん》：「其れ群《もろもろ》の臣・連及び伴造・国造の所有《たもて》る、A昔在の天皇の日に置ける子代入部《いりべ》、B皇子等の私《わたくし》に有《たも》てる御名《みな》入部、C皇祖大兄《すめみおやのおほえ》の御名入部彦人大兄を謂ふ。及び其の屯倉、猶《なほ》古代の如《ごと》くにして、置かむや不《いな》や」

④大化二年八月癸酉《みずのとこり》条の詔：「而《しか》るに王《きみ》の名名《みなみな》に始めて、臣・連・伴造・国造、其の品部《しなじなのともを》を分《わか》ちて、彼《そ》の名名《なな》に別《わ》く」・「其の王の名を仮借《か》りて伴造とし、其の祖の名に襲拠《よ》りて臣・連とす。……祖の名、借れる名滅《き》えぬ……」・「……名

名の王民《おほみたから》……」

傍線部を中心にして、若干の注釈を加えると、①は、名を後世に伝えるという目的で「代を標す民」が設置されて来たことを述べているが、その「古より以降」が具体的にいつなのかはわからない。

②は、いわゆる大化改新の詔であるが、天皇が設置した子代・屯倉、豪族の領有する部曲・田荘の廃止を命じたものであるが、②の傍線部は、①の傍線部と同じものと見られる。

③の傍線部Aは、①・②の傍線部と同じものだが、臣・連以下の氏族《うじぞく》の所有となっているもの、傍線部Bはその中で王族らが所有しているもので、御名入部と称されており、傍線部Cは傍線部Bの中でも、分註に「彦人大兄《ひこひとおほえ》を謂《い》ふ」とある、押坂彦人大兄《おしさかひこひとおおえ》皇子（敏達《びだつ》天皇の第一皇子で、天智《てんじ》・天武天皇の祖父）にかかわる御名入部の廃止についての孝徳天皇の諮問である。

④は、名代（代の民・子代の民・子代入部・御名入部）をはじめとする各種の部（品部《しなべ》）の廃止にかかわり、その実態について述べている。

まず、その設置者と時期については「古より以降、天皇の時毎」・「昔在の天皇等の立てたまへる」・「昔在の天皇の日に置ける」とあって、かつての天皇が設置したものとあることは、『記』の認識と基本的には等《ひと》しい。

また、「王の名名に始めて」・「其の王の名を仮借りて」とあって、かつての天皇やキサキらの名が付されているが、実際には王族だけでなく氏族に分割所有され、氏族の名にもなっている状況にあった。だから、廃止すればそれらの名を伝えることが絶えるのではないかと危惧する者もいるが、天皇とその子孫が統治するかぎり、名が忘れられることはない、とする。

唯一具体的に知られるのが、③の「皇祖大兄の御名入部」であり、分註に「彦人大兄を謂ふ」とあるように、押坂彦人大兄皇子の御名入部（名代）である。具体的には、押坂部《おしさかべ》（忍坂部／刑部）と見られている（71）が、押坂彦人大兄皇子のための御名入部であるから、普通に考えれば、それは三十代敏達天皇（在位五七二～五八五年）の時の設置となる。

ところが、『記』は允恭天皇が大后忍坂之大中津比売命《おしさかのおおなかつひめのみこと》のために設置したものと記している。允恭天皇の在位は五世紀中頃であるから、敏達天皇の代とは一〇〇年以上の開きがあり、この時間差が、名代についての理解を混乱させてきたとも言える。

通説では、允恭天皇の代に置かれた押坂部が敏達天皇の時まで伝えられ、押坂彦人大兄皇子が所有するに至ったと解されており、その間は押坂彦人大兄皇子にゆかりの息長《おきなが》氏が管理していたとされるが、この一〇〇年あまりは短くない。特に、この間には二十五代武烈《ぶれつ》天皇で五世紀の王統が途絶《とだ》え、五〇七年には応神天皇の五世孫という男大迹《おおど》王（袁本杼命）が継体天皇として迎えられ、王統が交替するという王権の激変が存在した。

こうした点から、五世紀の支配体制が敏達朝を経《へ》て、七世紀中頃の大化改新による廃止まで変わることなく存続したとは考えられない。しかし、この矛盾にこそ、名代に関する疑問を解く鍵がある。

名代の設置時期

名代の設置時期については五世紀説と六世紀説があり、後者の立場でも、名代を設定され領民を割き取られる豪族の反発を和《やわ》らげるために、一世紀以上も前の王族らの名がつけられたと説明される（105）。

しかし、昔の王族らの名をつけると、どうして反発が緩和《かんわ》されるのか、よくわからない。名代六世紀設置説の弱点は、なぜ五世紀代の人名などがつけられているのか、十分に説明されてこなかったことである。すなわち、五世紀の王族らの名を伝えるための施策が、なぜ六世紀に必要であったのかということである。

これは、単に名代の設置時期だけではなく、五世紀末までと六世紀以降の王権をどのようにとらえるかという、古代史の根幹にかかわる問題でもある。

これにかかわり、筆者は以前に、右の記事や名代の分布状況、王統の実態や名代号を名とする皇子・皇女の出現する時期などを勘案して、おおむね次のように結論づけた（108）。

五世紀の王統は武烈天皇で途絶え、六世紀初頭には応神天皇五世の孫という継体天皇が迎えられるが、この継体天皇系王統の権力基盤を確固たるものとし、同時に地方支配の強化・拡充を図る目的で、地方豪族の域内に五世紀の王族・后妃の名を冠した部を設置した。これが名代であるが、それには、彼らの名を伝えることで五世紀の王統を顕彰《けんしょう》するという大義名分が掲《かか》げられたが、継体天皇系王統にとっては正統性の主張でもあった。

名代の設置時期については、次の銘文《めいぶん》からも傍証される。

すなわち、「辛亥《かのとい》年（四七一）……獲加多支鹵《わかたける》大王」と刻《きざ》まれた埼玉県行田《ぎょうだ》市稲荷山《いなりやま》古墳出土の鉄剣の金象嵌銘《きんぞうがんめい》や、同じ大王名が見える熊本県玉名《たまな》郡和水《なごみ》町江田《えた》船山《ふなやま》古墳出土の大刀《たち》の銀《ぎん》象嵌銘、また「癸未《みずのとひつじ》年（五〇三カ）……意柴沙加宮《おしさかのみや》」とある和歌山県橋本《はしもと》市隅田《すだ》八幡《はちまん》神社所蔵の人物《じんぶつ》画像鏡銘《がぞうきょうめい》などに、明確な氏や部の名は見えない。

獲加多支鹵大王は雄略天皇、意柴沙加宮は忍坂宮《おしさかのみや》（現・奈良県桜井《さくらい》市忍阪《おつさか》）であるが、おそらく、五世紀には未だ氏《うじ》の名を表記するならわしがなく、名代などの部も未設置だったと思われる。

その確かな最古の例が、六世紀後半の島根県松江《まつえ》市岡田山《おかだやま》一号墳出土の大刀の銀象嵌銘「各田卩臣（額田部臣《ぬかたべのおみ》）」であるから、六世紀中頃までには氏の名の表記が定まり、名代などの部も設置されていた。

名代設置の目的

『記』には記されていないが、額田部は応神天皇の子額田大中彦《ぬかたのおおなかつひこ》皇子の名代とするのが一般である。しかし、五世紀前半という設置時期には疑問が大きいことから(44)、名代ではなく、額《ぬか》は狭いことを意味し、大田部《おおたべ》に対する小田部《おたべ》のこと(101)、あるいは災厄《さいやく》の防除など境界の祭儀を職とした部(125)とする説もある。

しかし、名代の設置目的と時期を私説のように考えれば、額田大中彦皇子の名代として矛盾はない。額田部の設置時期は、欽明《きんめい》天皇の娘の額田部皇女(のちの推古天皇)が生まれる五五四年頃であろう。なお、額田とは同心円状に稲を植えた神聖な田(車田《くるまだ》)を意味する(109)。

加えて、大日下王・若日下王の名代とされる日下部関連の『風土記《ふどき》』の所伝も参考になる。『豊後国風土記《ぶんごこくふどき》』日田《ひた》郡靫編郷《ゆぎあみごう》条には、「欽明天皇の世に日下部君《くさかべのきみ》の祖、邑阿自《おおあじ》が靫部《ゆぎべ》として供奉《ぐぶ》した」とある。また『肥前国風土記《ひぜんこくふどき》』松浦《まつら》郡鏡渡《かがみのわたり》条には、宣化《せんか》天皇の世に、任那・百済に派遣される大伴狭手彦連《おおとものさでひこのむらじ》の妻弟日姫子《おとひひめこ》について「日下部君等が祖なり」という分註が施《ほどこ》されている。

これらは、名代の日下部や弓矢を持して、宮廷に奉仕した兵士である靫部などが、継体天皇の子である宣化（在位五三六〜五三九年）・欽明天皇（同五四〇〜五七一年）の時に設置されたことを示している。

この問題に関連して、

『記』では名代の記事は仁徳天皇から武烈天皇の間にかぎられるが、『記』・『紀』ではこの間の皇親後裔《こうしんこうえい》を称する氏族が見えず空白となっている。この間の天皇に後継の子孫がいないこと、無嗣《むし》が強調される構成になっているが、これは無嗣を理由とする継体天皇即位の正統性の強調でもある。名代は仁徳天皇から武烈天皇系王統の名を伝えるという名目のもと、継体・欽明天皇系王統による部民領有の正当化が説明される構成になっている。

という指摘(102)が事実をついていると言える。

これらを踏まえて、名代の設置に関する要点をまとめる。

○仁徳〜武烈天皇の間の無嗣。この間の天皇の後裔を称する氏族がいない。

○仁徳〜武烈天皇系王統に関するキサキや王族の名を伝えるという名代設置の名

目。
○継体・欽明天皇系王統に属する王族による名代（部民）領有の正当化の説明。
事実、名代の設置には右の三点が有機的に連関し、かつ武烈天皇・継体天皇間の王統交替が大きな位置を占めている。

名前を伝えるということ

六世紀代に設定された名代号が、五世紀の王族やキサキの名であるのは、彼らの名を後世に伝えることが、名代設置の大義名分であったからである。五世紀の王族・キサキらは、名代によって後世に名を伝えられなければならない事情があったのである。

したがって、名代はまず、その名の王族やキサキに所縁《しょえん》の集団に設置されたであろう。

ここでの課題は、名代設置に際して仁徳～武烈天皇系王統の王族名を顕彰し、伝えるという名目が掲げられた理由と、仁徳～武烈天皇間が無嗣とされたことの理由、および両者の関連の解明である。

複数の女性をキサキとした当時の天皇や豪族らの婚姻習俗を思えば、仁徳天皇から武烈天皇までの後裔が、六世紀の継体天皇以降には絶無になっていたとは考えられない。武烈天皇の後継として、まず十四代仲哀天皇五世孫の倭彦《やまとひこ》王が、次には応神天皇五世孫の男大迹王（袁本杼命）と、系譜を遠くさかのぼる人物に即位が要請されたことの真実とは、仁徳～武烈天皇間を無嗣とすることの確定であった。

継体天皇の即位以降、前王統の後裔王族は、その後裔を称すること（それは王位継承権の主張でもある）が許されなかったものと考えられる。ひるがえって言えば、前王統を継承するのは応神天皇五世孫の継体天皇であり、かつその後裔だけに天皇位の継承権を認めるということである。

仁徳～武烈天皇の間の無嗣確定こそが、男大迹王側が提示した即位の条件であったと推考される。だからこそ、そのことの代替措置として、継体天皇系王権が、部に前王統の天皇・王族・キサキらの名を付して、名代として伝えなければならなかったのである。名を伝えるということは、名を核にした歴史を継承し、伝えるということであった。

それは、歴史書を編纂して前王統の事績《じせき》を記録し伝えることが行なわれる以前の、王統譜を中心にした歴史を伝える営《いとな》みでもあった。さらには、継体天皇系王権にとって、前王統所縁の集団を名代として直接的な支配下に置くとともに、そこから貢納や奉仕など経済的実益を獲得するという現実的な利点があった。

ただし、継体天皇の皇后手白髪命《たしらかのみこと》、二十七代安閑《あんかん》天皇の皇后春日山田《かすがやまだ》皇女（『記』には見えない）、二十八代宣化天皇の皇后　橘　之中比売命《たちばなのなかつひめのみこと》は、五世紀の王統に連なる二十四代仁賢天皇の娘である。

つまり、この三名のみは、前王統の王族として継体天皇系王家に入内《じゅだい》し、手白髪命と橘之中比売命は、子孫（欽明天皇、石姫皇女ら四名）を残している。これは継体天皇系王家が、女系であっても前王統の血を継承する必要があると観念した結果である。

第二章

古代天皇は「日《ひ》の御《み》子《こ》」か？

『紀』に「日の御子」はいない

木菟《つく》と鷦鷯《さざき》の物語は、鳥霊信仰にもとづいた出産儀礼にかかわる易名伝承であり、羽角《うかく》を持ち、智慧《ちえ》の象徴とされる木菟と命名した背景には、豊かな智慧をもって王を補佐する有能な人物という、臣下《しんか》の理想像が投影されている。

しかし、スズメよりも小さくて何の特徴もない鷦鷯と命名された理由はあきらかではなく、不思議なことと言えるが、これについては第四章で述べる。

さて、研究者の間では、古代の天皇は「日の御子」であったと記されることが多い（11、26、155、157）。しかし、実際にそう称されていたかについての検証は、ほとんどなされていない。それは、日の御子の意味が「日神《ひのかみ》の子ども（裔《すえ》）」か、それとも「日《ひ》である貴《とうと》い方」なのか、ということについても同じである。

ある種の思い込みで、そうした解釈をしているのではないかと思われる。もしそうならば、天皇家の太陽神信仰の始原や天照大神《あまてらすおおみかみ》信仰にもかかわる問題であるだけに、見過ごすことはできない。

それはまた、古代天皇の本質にもかかわる事柄であることから、実際に古代の天皇が広く「日の御子」と称されていたのか否《いな》か、その意味は何であったのか、についての分析と考察が必要である。日の御子の詞章は『記』だけに見られる称辞《しょうじ》であり、『紀』に見られないことも問題であるが、まずは所伝の具体的な検討から始めよう。

仁徳天皇に捧《ささ》げられた歌

『紀』で大鷦鷯尊《おおさざきのみこと》と記される仁徳天皇は、『記』では大雀命と記される。応神天皇記は、仁徳天皇にかかわる興味深い歌物語を伝えている。

又吉野《またよしの》の国主等《くずども》、大雀命《おほさざきのみこと》の佩《は》かせる御刀《みたち》を瞻《み》て歌曰《うた》ひけらく、

品陀《ほむた》の　日の御子《ひのみこ》　大雀《おほさざき》　大雀　佩かせる大刀《たち》　本《もと》つるぎ　末《すゑ》ふゆ　冬木《ふゆき》の
如《の》す　からが下樹《したき》の　さやさや

とうたひき。又吉野の白檮上《かしのふ》に横臼《よくす》を作りて、其の横臼に大御酒《おほみき》を醸《か》みて、其の大御酒を献《たてまつ》りし時、口鼓《くちつづみ》を撃《う》ち、伎《わざ》を為《な》して歌曰ひけらく、

白檮の上《ふ》に　横臼を作り　横臼に　醸みし大御酒　うまらに　聞《きこ》しもち食《を》せ
まろが父《ち》

とうたひき。此の歌は、国主等大贄《くずどもおほにへ》を献《たてまつ》る時時《ときどき》、恒《つね》に今に至るまで詠《なが》むる歌なり。

自《みずか》ら醸《かも》した御酒を捧げて歌とともに献じたという国主（国栖／国樔）という一族は、神武天皇記に「吉野《よしの》川の川尻《かわじり》に至った神武の前に巌《いわ》を押し分けて出て来た尾を持つ国《くに》つ神《かみ》、石押分之子《いわおしわくのこ》が国巣《くず》の祖である」と記すように、大和《やまと》の吉野川上流域の住人である。

古代氏族の系譜を集成して、弘仁《こうにん》六（八一五）年に成立した『新撰姓氏録《しんせんしょうじろく》』大和《やまと》国神別《しんべつ》の国栖《くず》条や、朝廷の儀式について定めた八七一～八七二年頃成立の『貞観儀式《じょうがんぎしき》』、九二七年に成立した法律書『延喜宮内式《えんぎくないしき》』などによると、彼らは律令制下の宮廷節会《せちえ》に、鮎・栗・菌《きのこ》など土地の産物を御贄《みにえ》として献上し、その際には歌や笛を奏《そう》する定めであった。

これには天皇に対する服属儀礼の意味もあり、右はその起源物語である。それが、『記』編纂時である「今」も、御贄献上の際には歌われていたという。『記』に載録されている歌謡や物語には、『記』編纂頃も、宮廷儀礼で歌い語られていたものがあった。

先の歌謡は意味をとりにくいが、「品陀の　日の御子　大雀」（原文は「本牟多能比能美古　意富佐邪岐」）の佩《は》いている大刀がすばらしいことを褒《ほ》め称《たた》えたものである。後半は「白檮《かし》の林で白檮の横臼を作り、その横臼に醸《かも》した御酒です。おいしく召《め》し上がってください。われらが父よ」という意である。

なお、後半の歌は応神天皇紀十九年十月条に、天皇の吉野宮行幸《よしののみやぎょうこう》と国樔《くず》の大御酒奉献《ほうけん》記事の中に載録しているから、『紀』の編者が、日の御子の歌謡の存在を知らなかったわけではない。にもかかわらず、それを載せていないのは明確な意図があってのことに違いない。

「品陀《ほむた》」とは何か？

重要なことは、大雀命が「日の御子」と称《たた》えられていることであるが、その解釈をめぐり、大きな問題が提示されている。それは、「品陀の　日の御子　大雀」という詞章をどう理解するかということである。

以前は、歌謡が応神天皇記に記されていることもあって、「品陀和気命《ほむたわけのみこと》（応神天皇）の御子である大雀命（仁徳）」、すなわち応神天皇の後継者である大雀命を称え歌い上げたものと解されてきた。ところが、半世紀ほど前だがふたつの異論が提出された。

そのひとつは、右の詞章の「品陀」は品陀和気命のことではなく、「品陀の　日の御子」と「大雀」は同格の関係であり、「品陀の　日の御子　大雀」で大雀を指している。「仁徳もホムタの名で呼ばれており、ホムタワケは仁徳天皇の分身的虚像《きよぞう》もしくは仁徳朝の支配者たちを象徴する虚像であった」という、応神天皇の実在を否定する見解である（153）。

今ひとつは、この詞章は「ホムタとサザキは本来、ひとりの天皇のふたつの名であったが、後にそれぞれの名を持つふたりの天皇として分化、伝承」されたことを示しており、「応神天皇伝承は神の子として誕生した河内政権の始祖王の物語だった」とする、応神・仁徳分化説である（85、86）。

これらの説は、『記』・『紀』から王位継承の系譜的一系性、いわゆる万世一系《ばんせいいっけい》を読み取ることへの疑問に発する部分があるように、五世紀の王統譜の信憑性と王権の実態をめぐる問題でもある。「品陀の　日の御子　大雀」という詞章の解釈のしかたによっては、応神・仁徳天皇の実在が大きく揺らいでいるのである。

まずは、右の詞章から仁徳天皇の分身的虚像、もしくは応神天皇と仁徳天皇に分化したことを、読み取れるかどうかということであるが、応神天皇の実在を疑問視する説に賛同する研究者も少なくない。

これらを受けて、オオサザキという仁徳天皇の名は、巨大な墓を意味するオオサザキ（オオササギとも）が転訛《てんか》したものではないかと見る向きもある。しかし、巨大な古墳に埋葬されたのは彼ひとりではないから、ほかにも同様な事例がありそうに思われるが、そうした例は聞いたことがない。ほかに類例がないことからすれば、なぜそうしたことが特定個人にのみ起こったのかについて説明が必要となるが、明解な説明が可能であるとは思われない。

さらには、古代において、サザキと呼ばれた小鳥はミソサザイではなく鶯《うぐいす》であり、古墳の上に繁茂《はんも》した樹木に鶯が飛来し棲《す》みついたことから、天皇陵古墳がサザキと呼ばれるようになったとする説まである(40)。しかし、墳丘に飛来するのは鶯だけではないし、鷲がサザキもしくはササギと呼ばれたことの確証もなく、とうてい受け入れられない。

ちなみに、舒明《じょめい》天皇紀八（六三六）年三月条には、地方豪族から貢進《こうしん》されて天皇の身近に仕えた采女《うねめ》と情を通じた人物を取り調べて罰を科《か》した際、三輪君小鷦鷯《みわのきみおさざき》が尋問されることを苦しんで、頸《くび》を刺して自害したとある。天皇以外にもサザキが名に用いられていたことが知られるが、小鷦鷯はあきらかに大鷦鷯を意識した名であろう。

「品陀の　日の御子　大雀」の解釈をめぐり、迷路に入った感もするが、品陀の語から考えよう。

まず、日の御子は「日《ひ》の神《かみ》の子孫」、サザキは「日の神の子孫であることを権威の源《みなもと》としている王者たちを意味する汎称《はんしょう》」であり、「品陀の　日の御子」は「品陀に住む日の神の子孫（を称する王者）」と解して、全体として大雀命に冠せられた修辞であるとする説がある（83）。前半部の説明は他の用例から見て疑問だが、品陀についての解釈は参考になる。

子の養育と母親の出身集団の密な関係を思うならば、母系集団との関連も考慮する必要がある。品陀は、父の品陀和気命（応神天皇）だけでなく、母は品陀真若《ほむたまわか》王の娘中日売命《なかつひめのみこと》（仲姫命《なかつひめのみこと》）であるから、仁徳天皇にとって父系・母系の両方の出自《しゅつじ》を示すゆかりの地であった。

それは、仁徳天皇の分身的虚像を示すもの、あるいはひとりの天皇のふたつの名ではなく、仁徳天皇の父・母両系に所縁の地（河内《かわち》国古市《ふるいち》郡誉田《ほむた》／現・大阪府羽曳野《はびきの》市誉《こん》田《だ》）を示している。

オオサザキの名は、いつから存在したか？

先に述べたように、名代の設置には、継体・欽明天皇系王権にすれば、五世紀の王権を継承することの正統性の主張であると同時に、前王統ゆかりの勢力に対する支配の確実化と現王権の基盤の強化という、実際的・政治的な効果が期待できた。

オオサザキに対応する名代としては雀部《さざきべ》があり、その管理を担う伴造《とものみやつこ》氏族《うじぞく》としては、神武天皇の子である神八井耳命《かむやいみみのみこと》の裔《すえ》という雀部臣《さざきべのおみ》と雀部造《さざきべのみやつこ》、建内宿禰《たけしうちのすくね》の子である許勢小柄宿禰《こせおからのすくね》の裔という雀部臣が見え、巨勢臣《こせのおみ》（許勢臣）や軽部臣《かるべのおみ》も同祖とする。
後者の雀部臣氏について、『新撰姓氏録』の左京皇別上《さきょうこうべつじょう》条には、次のようにある。

雀部朝臣《さざきべのあそみ》
巨勢《こせ》朝臣と同じき祖《おや》。建内宿禰の後《すゑ》なり。星河建彦《ほしかはのたけひこ》宿禰、諡《おくりな》は応神の御世《みよ》、皇太子大鷦鷯尊に代《かは》りて、木綿《ゆふ》襷《たすき》を繋《かけ》て、御膳《みけ》を掌監《つかさど》りき。因《より》て名を賜《たま》ひて大《おほ》雀臣《さざきのおみ》と曰《い》ふ。日本紀に合《あ》へり。

すなわち、大鷦鷯尊に代わって、宮廷の食膳のことを管掌《かんしょう》したので、大雀臣を賜《し》姓《せい》されたのが雀部臣（朝臣）氏の始まりである、と伝える。もちろん、事実のほどは疑わしく、大鷦鷯尊の関係は、雀部臣氏にとっては名目上のことである。
この巨勢氏系雀部臣氏の系譜上の興味深い主張が、『続日本紀』天平勝宝《てんぴょうしょうほう》三（七五一）年二月条に見える。

典膳《てんぜん》正六位下《しょうろくいげ》雀部朝臣真人《まひと》ら言《まう》さく、「磐余玉穂宮《いはれのたまほのみや》・勾金椅宮《まがりのかなはしのみや》に御宇《あめのしたしらしめ》しし天皇の御世に、雀部朝臣男人《をひと》、大臣《おほおみ》として供奉《つかへまつ》りき。而《しか》れども誤《あやま》りて巨勢男人大臣と記せり。……巨勢・雀部、元同祖《もとおなじきおや》なりと雖《いへど》も、姓《うぢ》を別《わか》ちて後、大臣に任《にむ》せらる。……望み請《こ》はくは、巨勢大臣を改めて、雀部大臣として、名を長き代に流《つた》へ、栄《さかえ》を後胤《のちのすゑ》に示さむことを」とまうす。大納言従二位《だいなごんじゆにい》巨勢朝臣奈弖麿《なてまろ》も亦《また》、その事を証明《あきらか》にす。是《ここ》に治部《ぢぶ》に下知《げぢ》して、請《こひ》に依《よ》りて改め正さしむ。

要するに、継体天皇（磐余玉穂宮）と安閑天皇（勾金椅宮）の代に大臣であったという巨勢男人の氏名は誤りで、巨勢男柄宿禰の裔として同祖であるが、実は雀部男人であった。「名を長き代に流へ、栄を後胤に示」すためにも雀部大臣と改めてほしいと、雀部朝臣真人らが申請した。巨勢氏の氏上であった巨勢朝臣奈弖麿もこれを認めたので、氏姓のことを掌《つかさど》る治部省《じぶしよう》に指示して記録を改めさせた、というもの。

奈良時代中頃においても、氏族の祖の「名を長き代に流へ」ることに重い意味があると観念され、名の歴史への強いこだわりがうかがわれる点でも興味深い。

さて、右の所伝から、巨勢男人の大臣就任じたいを疑問とする向きもあるが、巨勢氏が男人の大臣就任の所伝を思うように創作し、『紀』に載録されることが可能であったとは考えられない。雀部朝臣氏には、右の主張に根拠があったのだろうが、今ではその正否も詳《つまび》らかではない。

ここで重要なのは、雀部朝臣氏の主張が継体・安閑朝の大臣巨勢男人にかけて唱えられていることである。このことは、許勢小柄（巨勢男柄）宿禰を祖とする集団が巨勢・雀部・軽部の三氏に分かれた（氏の名が確定した）時期、および名代の雀部や軽部が設置された時期を示唆《しさ》している。

つまり、吉野の国主が「品陀の　日の御子　大雀」の詞章でオオサザキを称えることを、応神天皇の時から行なってきたか定かでないが、オオサザキの名は雀部が設置される六世紀前半以前から伝えられていたことはまちがいない。「品陀の　日の御子　大雀」の歌謡も、オオサザキの名の由来が人々の記憶に残っている時空においてこそ、伝承され、歌われることに意味が存在したと考えられる。

歴史上の画期《かっき》であると観念されていた天皇にちなむ物語は、その天皇名とともに伝えられてこそ、伝えることに意味があったのであり、名代の廃止が政治課題になる状況下で成立する性格のものではない。経済的な観点は別にして、天皇やキサキらの名をつけた名代を廃止しても異存はないという考えが出てくるのは、彼らの名と事績についての記録化、すなわち系譜や歴史書の編纂進展と相関している。

天皇の名につけられた共通の語

ところで、『記』・『紀』などに見られる古代の天皇らの名に、同一の語句に「大」・「小／少」あるいは「大」・「若／稚」が冠されていることが少なくない。

二代綏靖《すいぜい》天皇から九代開化《かいか》天皇までの旧辞的記事を欠いた、いわゆる闕史《けっし》八代を除いて、名に「大」が冠せられた人物は必ず先に登場し、「小／少」・「若／稚」などを冠された人物はそれよりのちに現われる原則であり、兄弟姉妹の場合も同様である。

たとえば、大帯日子淤斯呂和気《おおたらしひこおしろわけ》（十二代景行）天皇と若帯日子《わかたらしひこ》（十三代成務《せいむ》）天皇、兄の大碓命《おおうすのみこと》と弟の小碓命《おうすのみこと》、兄の大日下王と妹の若日下王、意富富杼《おおほど》王と曾孫《そうそん》の袁本杼《おほど》（二十六代継体）天皇をはじめ、先に登場するが大の冠せられていない倭建命と大長谷若建《おおはつせわかたける》（二十一代雄略）天皇についても、同様な例としてよい。

さらに、大長谷若建天皇と小長谷若雀《おはつせわかさざき》（二十五代武烈）天皇については、長谷に関しては同じである。

また、サザキを共有する、大雀命《おおさざきのみこと》（十六代仁徳）天皇と小長谷若雀天皇も、同様に考えられる。すなわち、小長谷若雀の名が王統譜に定着した時点では、オオサザキの名が王統譜に記されていたに違いない。長谷部若雀《はつせべのわかさざき》（三十二代崇峻《すしゅん》）天皇の名についても、オオ（オホ）サザキ・ワカサザキ・オオハツセ・オハツセの存在を前提にしていることから、少なくとも六世紀代には、これらの名が記された王統譜が存在したことは確かであり、名代の設置時期とも矛盾しない。

これにかかわり、サザキの名を持つ武烈天皇・崇峻天皇の宮《みや》が、長谷列木宮《はつせのなみきのみや》（現・奈良県桜井市脇本《わきもと》あたり）・倉椅柴垣宮《くらはしのしばかきのみや》（現・同市倉橋《くらはし》）であるから、仁徳天皇の本拠も長谷《はつせ》・磐余《いわれ》にあったとする説もある（119、120）。

しかし、武烈天皇や崇峻天皇のワカサザキは、オオサザキを前提にした名であるから、ワカサザキ天皇らの王宮《おうきゅう》の所在地をもって、オオサザキ天皇の王宮の所在地を求めることはできない。

日の御子オオサザキ

「品陀の　日の御子　大雀」の詞章について、品陀はオオサザキの出自を示し、また大雀こそ日の御子なのだから、「品陀の　日の御子」と「大雀」に分離するのは適切でない。残るは「日の御子　大雀」の理解であるが、これにかかわり、『記』にはあと一首、仁徳天皇を日の御子と称える歌が載録されている。

仁徳天皇記は、天皇が日女島《ひめしま》に行幸した際に、建内宿禰が歌で仁徳天皇を日の御子と称えたとある。

亦一時《またあるとき》、天皇豊楽《とよのあかり》したまはむと為《し》て、日女島に幸出《い》でましし時、其の島に雁卵《かりこ》生《う》みき。爾《ここ》に建内宿禰命を召して、歌を以《も》ちて雁《かり》の卵生《こう》みし状《さま》を問ひたまひき。其の歌に曰《の》りたまひしく、

　たまきはる　内《うち》の朝臣《あそ》　汝《な》こそは　世《よ》の長人《ながひと》　そらみつ　倭《やまと》の国に　雁卵《こ》
　生《む》と聞くや

とのりたまひき。是に建内宿禰、歌を以ちて語りて白《まを》ししく、

高光《たかひか》る　日の御子　諾《うべ》しこそ　問ひたまへ　まこそに　問ひたまへ　吾《あれ》こそ
は　世の長人《ながひと》　そらみつ　倭の国に　雁卵生と　未だ聞かず

とまをしき。如此《かく》白して、御琴《みこと》を給《たま》はりて歌曰《うた》ひけらく、

汝《な》が御子や　終《つひ》に知らむと　雁は卵生らし

とうたひき。此は本岐歌《ほきうた》の片歌《かたうた》なり。

すなわち、日女島に雁が産卵したという、たいそう珍しい現象について、仁徳天皇が歌で尋《たず》ねられたのに対し、建内宿禰は「高光る（多迦比迦流）日の御子（比能美古）よ、お尋ねなさるのはもっともです。本当によくぞ、お尋ねくださいました。私こそ、幾世代も生きた長生き者です。しかし、倭の国で雁が卵を産むという珍しい話は、まだ聞いたことがございません。まことにめでたいことです」「あなたの王統の末永《すえなが》いことの徴《しるし》として、雁が産卵したのです」と歌で答えたとある。

本岐歌は祝意を表わす言祝《ことほ》ぎの歌謡、片歌は歌い納めの添《そ》え歌《うた》のことであり、元は宮廷に伝承された歌謡物語であったと見られる。ここでは、仁徳天皇の末永い統治についての、祥瑞《しょうずい》物語として位置づけられている。

また、大阪市西淀川区《にしよどがわ》姫島《ひめじま》付近、もしくは大阪府守口市《もりぐち》から門真市《かどま》のあたりに求められる日女島での雁の産卵というめでたい出来事に関連して、仁徳天皇を日の御子と称揚することに、この記事を載録した意図があったと考えられる。ここで、日女島と日の御子は、たがいに照らし合う関係にあり、物語の効果を高めている。

右に対応する仁徳天皇紀五十年三月条では、河内の人から淀《よど》川の「茨田堤《まむたのつつみ》に、雁《かり》産《こう》めり」と報告があり、天皇が「たまきはる　内の朝臣……」と歌で尋ねたのに対し、「やすみしし　我が大君《おほきみ》……」と武内宿禰《たけしうちのすくね》が歌で答えたとある。場所は、淀川河口からすこしさかのぼった茨田堤（現・大阪府寝屋川《ねやがわ》市あたり）のこととし、仁徳天皇記と同様の歌二首を記しているが、「高光る　日の御子」の歌謡は載せていない。『記』の日女島と『紀』の茨田堤は至近の地であったと見られるが、同様の歌を載せている『紀』編者が、この歌謡についてだけ知らなかったとは考えられない。ここでも、先と同様にそれを載せていないところに、日の御子の詞章に対する『記』・『紀』間の意識差が現われている。それが何に由来するのか分明《ぶんめい》ではないが、日の御子の歌謡に対する『紀』の拒否意識は弱くはない。

さらに問題は、日の御子が天皇・皇子自身を指しているとして、オオサザキが日の御子と称え歌われても、ことさら問題とされなかったことである。しかし、以下に述べるように、日の御子はけっして天皇・皇子一般に用いられた表現ではなかった。それは、対象が限定されたきわめて特殊な表現であったことから、オオサザキが日の御子と称えられていることには、特別な深い意味があったと見なければならない。

ちなみに、右の歌謡とともに伝えられた雁産卵の奇瑞物語の基層にも、鳥霊信仰が存在するが、その舞台が難波《なにわ》の日女島であることにも留意される。

垂仁天皇紀二年是年一云《あるにいわく》条には、「意富加羅《おおから》国の王子都怒我阿羅斯等《つぬがあらしと》が失った黄《あめ》牛《うし》の代わりに手にした白石《しろいし》の変じた美女が、夫から逃れて難波にやって来て比売語曽《ひめごその》社《やしろ》（摂津《せっつ》国東生《ひがしなり》郡の式内名神大社の比売許曽《ひめこそ》神社／現・大阪市東成《ひがしなり》区東小橋《ひがしおばせ》三丁目、元は天王寺《てんのうじ》区小橋《おばせ》町。写真5）の神になった」とある。

これの類話と見られる『摂津国風土記』逸文《いつぶん》の、「軽島豊阿伎羅宮御宇《かるしまのとよあきらのみやにあめのしたしろしめしし》（応神）天皇の世に、新羅《しらぎ》国の女神が夫を逃れてやって来たので比売島《ひめしま》と言う」とある。

淀川河口域では、渡来系集団のもたらした女神信仰が顕著であったことが知られるが、これと右の雁産卵の奇瑞物語が何の関係もなかったとは考え難い。

日の御子ヤマトタケル

さて、景行天皇の皇子ヤマトタケルは『記』・『紀』によれば、南九州の熊襲《くまそ》、さらに休むまもなく東国《とうごく》の蝦夷《えみし》の征討を命じられ、さまざまな苦難を克服《こくふく》して任務を遂《と》げたのちに死に至る、悲劇の王族将軍として描かれている。

写真5 比売許曾《ひめこそ》神社

戦国期に、当地に遷《うつ》したと伝えられる

景行天皇記では、倭建命《やまとたけるのみこと》は東国から大和に帰る際、科野国《しなの》（現・長野県）を経由して尾張国《おわり》（現・愛知県）の美夜受比売《みやずひめ》のもとに至った。美夜受比売が食事を調《ととの》え、酒盞《さかずき》を捧げ献《たてまつ》った時、意須比《おすひ》（上着）の襴《すそ》に月経《つきのさわり》が著《つ》いていた。それを目にした倭建命は、次のように歌ったという。

ひさかたの　天《あめ》の香具《かぐ》山　利鎌《とかま》に　さ渡る鵠《くび》　弱細《ひはぼそ》　手弱腕《たわやがひな》を　枕《ま》かむとは　我《あれ》はすれど　さ寝《ね》むとは　我は思へど　汝《な》が著《け》せる　襲《おすひ》の裾《すそ》に　月立ちにけり

それに対して美夜受比売は、次の歌を返したという。

高光る　日の御子　やすみしし　我《わ》が大君《おほきみ》　あらたまの　年《とし》が来経《きふ》れば　あらたまの　月は来経往《きへゆ》く　諾《うべ》な諾な諾な　君《きみ》待ち難《がた》に　我が著《け》せる　襲の裾に　月立たなむよ

倭建命が「コウノトリのようにか細い腕を手枕《てまくら》に共寝《ともね》をしたいと願っていたのに、月経のためにはたせない」と嘆《なげ》き歌ったのに対して、美夜受比売は「日の御子（比能美古）である大君よ、年月は過ぎていきます。本当にあなたを待ちかねて、私の裳裾《もすそ》に月が経《た》たないことがありましょうか」と、歌い返したという。

歌中の「高光る　日の御子」と「やすみしし　我が大君」は同格で、日の御子が大君であることは明瞭である。『記』が、倭建命物語の中にこの歌謡を位置づけているから、日の御子はもちろん倭建命にあてられる。日の御子の望みが月経のために叶《かな》わなかったという、日・月の対照が物語の芯《しん》になっている。

しかし、次の場合も同様であるが、歌謡の中には固有名詞が見えないから、右の二首が元から倭建命にかかわるものとして伝えられていたかは定かでない。物語から切り離せば、日の御子・我が大君の詞章と倭建命の結合は必然ではなくなる。したがって、二首をほかの物語に割り付けることも可能ではあるが、『記』が倭建命物語に配したのには、それなりの理由があってのことと思われる。

ヤマトタケル伝承については、出雲建《いずもたける》征討物語や倭琴弾原《やまとことひきはら》の白鳥陵伝承の有無など、『記』・『紀』間で所伝に若干の差異はあるけれども、『紀』がこの二首の存在を知らなかったとは思われないが、ここでも記載していないところに、日の御子の詞章に対する意識差が表出している。

日の御子ワカタケル

次に日の御子と称えられているのは、雄略天皇（大長谷若建命《おおはつせわかたけるのみこと》）である。

雄略天皇の名については、埼玉県行田市の稲荷山古墳から出土した鉄剣の金象嵌銘《きんぞうがんめい》に「獲加多支鹵大王《わかたける》」、熊本県和水町の江田船山古墳出土の大刀の銀《ぎん》象嵌銘にも「獲□□□鹵大王」とあり、ワカタケルと確認できる。

中国南朝・宋の歴史書『宋書《そうじょ》』倭国伝には、昇明《しょうめい》二（四七八）年に倭王「武《ぶ》」が長大な上表文を認《したた》めて遣使朝貢してきたとあるが、武という名もタケルを漢字で表わしたものであろう。

雄略天皇記には、長谷朝倉宮《はつせのあさくらのみや》近くで新嘗《にいなめ》（収穫祭）の豊楽《とよのあかり》（宴会）を催《もよお》した際に歌われたという天語歌《あまがたりうた》三首を載せるが、その中の二首に日の御子の詞章が見える。事《こと》の概要から記そう。

雄略天皇が長谷の百枝槻《ももえつき》の下で豊楽を催した時、近侍《きんじ》していた伊勢国の三重采女《みえのうねめ》が槻《つき》の葉が盞《さかずき》に浮かんでいるのに気づかないで献《たてまつ》った。それを見て怒った天皇は、采女を斬り殺そうとしたが、彼女は左の長歌《ちょうか》を奉って詫《わ》びたので、天皇は罪を許したという。

纏向《まきむく》の　日代《ひしろ》の宮《みや》は　朝日の　日照る宮　夕日の　日がける宮　竹の根の　根垂《ねだ》る宮　木《こ》の根の　根蔓《ねば》ふ宮　八百土《やほに》よし　い築《きづ》きの宮　真木《まき》さく　檜《ひ》の御門《みかど》　新《にひ》嘗屋《なへや》に　生《お》ひ立《だ》てる　百足《ももだ》る　槻《つき》が枝《え》は　上枝《ほつえ》は　天《あめ》を覆《お》へり　中つ枝は　東《あづま》を覆《お》へり　下枝《しづえ》は　鄙《ひな》を覆へり　……三重《みへ》の子が　指挙《ささが》せる　瑞玉盞《みづたまうき》に　浮きし脂《あぶら》　落ちなづさひ　水《みな》こをろこをろに　是《こ》しも　あやに恐《かしこ》し　高光る　日の御子　事の　語言《かたりごと》も　是《こ》をば

これをうけて、大后《おおきさき》の若日下王《わかくさかのみこ》も次のように歌った。

倭の　この高市《たけち》に　小高《こだか》る　市《いち》の高処《つかさ》　新嘗屋に　生ひ立てる　葉広《はびろ》　五百箇真《ゆつま》椿《つばき》　其《そ》が葉の　広《ひろ》り坐《いま》し　その花の　照り坐す　高光る　日の御子に　豊御酒《とよみき》献らせ　事の　語言も　是をば

これに対して、天皇も左の歌で応じたので、事《こと》はめでたく収まったという。

ももしきの　大宮人《おおみやひと》は　鶉鳥《うづらとり》　領巾《ひれ》取り懸《か》けて　鶺鴒《まなばしら》　尾行《をゆ》き合へ　庭雀《にはすずめ》　うずすまり居て　今日もかも　酒《さか》みづくらし　高光る　日の宮人《みやひと》　事の　語言も

是をば

三首の大意を左に記そう。

「纒向日代宮《まきむくのひしろのみや》は、朝日や夕日が照り輝く宮、竹や木の根が伸び張っている宮、地面を築き固めた宮、檜《ひのき》造りの新嘗屋の側《そば》に繁《しげ》っている槻の枝は、天をはじめ東や遠くの地域を覆うほどであり、……その下枝の葉が三重采女の捧げた盞に、水音がコロコロとするように落ち浮かんだのです。高光る（多加比加流）日の御子（比能美古）よ、事の次第の語《かた》り言《ごと》としてこれを語ります」

「倭の小高い市《いち》にある新嘗屋の側に繁っている神聖な椿《つばき》の花のように照り輝いている、高光る（多加比加流）日の御子に（比能美古爾）、美酒を差し上げて下さい。事の次第の語り言としてこれを語ります」

「天皇の宮殿に仕える人たちは、肩にかける儀式用の白布である領巾を鶉《うずら》のようにかけ、鶺鴒《せきれい》のように衣の裾を交え、庭のスズメのように集まって、今日は酒盛りをしているらしい、高光る（多加比加流）日の宮人《みやひと》（比能美夜比登）たちは。事の次第の語り言としてこれを語ります」

古代天皇と太陽神信仰

三重采女と大后《おおきさき》若日下王が、ともに歌謡で雄略天皇を高光る日の御子と称えていることに注目されるが、天皇も、彼女らを高光る日の宮人と、それに応え称えている。

三首は新嘗の物語《ものがたりうた》歌として記されているが、歌謡そのものは、雄略天皇と直接的な関係を示す内容ではない。本来は、宮廷の新嘗の豊楽で歌われてきた歌謡で、起源が雄略天皇にかけて語られてきたのであろう。ただし、それが雄略天皇に求められるだけの理由は存在した。

それは、大后若日下王も高光る日の御子と称えたということにかかわる。くわしくは第四章で述べるが、雄略天皇は、日下《くさか》の直越《ただごえ》の道を東から西に、背後から太陽神の加護を受けて河内日下の若日下王を訪問したので、首尾よく彼女を大后として迎えることができたと伝えられる。

この物語には、雄略天皇による太陽神崇敬を語ろうとする意図が読み取れる。

また、三重采女が、はるか先代である十二代景行天皇の纏向日代宮を褒め称えることから歌い始めていることにも理由があり、そこにも、太陽神崇敬への傾《かたむ》きを読み取ることができる。

景行天皇記には、倭建命が美夜受比売から歌で日の御子と称えられたあと、草那芸《くさなぎの》剣《つるぎ》を比売のもとに置いたまま、伊服岐能《いぶきの》山の神の正身《むざね》（神自身）であることを見誤り、神に打ち惑《まど》わされて「吾《あ》が足は三重の勾《まがり》の如くして甚疲《いとつか》れたり」と語ったので、三重と名づけた、とある。

要するに、三重は倭建命の命名であり、彼の事績として地名起源が伝えられる土地であり、三重采女からは倭建命が想起《そうき》されたのである（50）。

また、日代宮が営まれた纏向は古代王権草創の地であり、歌謡は景行天皇の昔にさかのぼることで、雄略天皇が王権の正統な後継者であることを主張するとともに、王権の伸張にかかわる物語を王権誕生の始原に投影している（72）。

要するに、ヤマトタケルとワカタケルの照応関係により、ヤマトタケルの活躍した景行天皇と纏向日代宮が称えられることから歌い始められているのである。

ただし、雄略天皇の事績が倭建命伝承の形成に投影されているかは、名について先述した点からも、なお考えなければならない。『宋書』倭国伝に載る昇明二年の倭王武の上表文に、「躬《みずか》ら甲冑《かっちゅう》を擐《つらぬ》き、山川《さんせん》を跋渉《ばっしょう》し、寧処《ねいしょ》に遑《いとま》あらず」とあるのは「祖禰《そでい》」（父祖）についてのことであり、雄略天皇自身ではなかった。

『記』に「日の御子」と称《たた》えられた理由

ワカタケルの時には、ヤマトタケルの名が存在したことは先に触れたが、このことは「ヤマトタケル物語がワカタケルの事績によって潤色されている可能性はあるものの、ヤマトタケルがワカタケルを元にして作られたと単純に決めつけることはできない」ことを示している（158）。

したがって、打ち負かした熊襲からヤマトタケルの名を献上される物語も、ワカタケルの治世《ちせい》以前にしか成立しえない（160）。ワカタケルの名が成立した時には、すでにヤマトタケル物語の根幹が成立していたのである。

つまり、景行天皇と纒向日代宮はヤマトタケルの事績と一体的に伝えられて、父子のことが合わせて想起される状況にあり、かつ偉大なタケルと伝えられるヤマトタケルの名を継承したのが、ほかならぬワカタケルであったことから、纏向日代宮を褒め称えることでヤマトタケルを顕彰し、同時に雄略天皇をも称揚すると観念されたのである。

王権の歴史で大きな位置を占めるふたりのタケルについて、ともに太陽神崇拝に傾斜していった状況が伝えられるのも、ふたりのタケルが歴史上照応する存在であったからである。

ちなみに、『記』の日の御子の歌五首について、尾張《おわり》氏出身の美夜受比売と三重采女の登場から、伊勢地方の日《ひ》の思想が「高光る　日の御子」という詞章を生み出したのではないかと見る向きもある（84）。

しかし、仁徳天皇記の二首と雄略天皇記のあと一首は、伊勢とは無関係であり、特に注目される「品陀の　日の御子　大雀」の歌謡も、伊勢とは何の関係も見られないことなどから、この詞章を用いた頌歌《しょうか》が、伊勢地方との関係において生み出されたとは考えられない。

『記』における日の御子の用例は以上であり、『紀』・『風土記』にはいっさい見えない(81)。『紀』がその存在を知っていながら、その歌謡をまったく載録していないのは、太陽神に関する歴史観の相違に起因するのではないかと思われる。これは、第五章で述べる『紀』が「日下」の表記を拒否し、かつ国号の「日本《やまと》」を採用している態度に通じるものがある。

同時に、『記』の五首も特別な存在であり、『紀』より古い思潮にもとづくものと言える。その対象が古代史上重要な位置にある倭建命・仁徳天皇・雄略天皇にかぎられることには、意味があったと思われる。三名の内のふたりのタケルが日の御子と称えられることも、偶然とは考えられないが、それ以上のことは残念ながら分明ではない。

雄略天皇記の件の歌謡が、宮廷の新嘗儀礼で長く歌い伝えられたとすれば、それを歌われた天皇らも日の御子と称えられたのではないか、という考えも生《しよう》じる。

しかし、それにしては天皇にかかわる日の御子の歌謡が少なすぎる。おそらく、宮廷の新嘗儀礼で歌い伝えられたとしても、雄略天皇と三重采女・若日下王の歴史と一体的に語り歌われたことから、ほかの天皇を直接的に日の御子と称えることにはならなかったのであろう。日の御子はほかの天皇らに押し広げて使用できる詞章ではなかったのである。

なお、日の御子の詞章の真の意味は、オオサザキの名と一体的に理解するべきであるから、第四章で詳述する。

第三章

『万葉集』の「日《ひ》の皇子《みこ》」を読み解く

巻一《まきのいち》　文武《もんむ》天皇①

『記』における日の御子の用例は、すべて歌謡にかぎられたが、四五〇〇首あまりを収めて奈良時代後半に編《あ》まれた最古の歌集『万葉集』にも、ヒノミコの詞章が見えることから、それらについて分析しよう。

『万葉集』では十一首に「日の皇子」の表現が見え、例外はあるが、原文は「日之皇子」の表記が原則であり、歌われた時期や人物はきわめて狭く限定されるという、『記』と酷似《こくじ》した特徴が知られる。

これは、ヒノミコの称辞がけっして一般的なものではなく、限定的で特別な表現であったこと、この表現は歌謡でのみ特別に使用される詞章であったことを示している。

まず、巻一には、以下の三首が見える。

軽皇子《かるのみこ》の安騎野《あきの》に宿りましし時、柿本朝臣人麿《かきのもとのあそんひとまろ》の作る歌

やすみしし　わご大王《おほきみ》　高照《たかて》らす　日《ひ》の皇子《みこ》（日之皇子）　神ながら　神さびせすと　太敷《ふとし》かす　京《みやこ》を置きて　隠口《こもりく》の　泊瀬《はつせ》の山は　真木《まき》立つ　荒山道《あらやまみち》を　石《いは》

が根《ね》　禁樹《さへき》おしなべ　坂鳥《さかとり》の　朝《あさ》越えまして　玉《たま》かぎる　夕《ゆう》去り来《く》れば　み雪降《ゆきふ》る　阿騎の大野《おほの》に　旗薄《はたすすき》　小竹《しの》をおしなべ　草枕　旅宿《たびやど》りせす　古《いにしへ》思ひて（四五）

歌の概要は、「国を統治しているわが大王の、日の皇子は、神々《こうごう》しく、泊瀬の山の荒山道を越え、阿騎野に来て旅宿りをなさる、昔のことを思って」と、軽皇子（のちの文武天皇）の安騎野（現・奈良県宇陀《うだ》市）行幸を詠《よ》んだものである。この前に置かれた五首は、持統天皇六（六九二）年三月の伊勢行幸の際のものであるから、この部分を年代順の編纂と見れば、行幸はそれ以降、軽皇子が即位する六九七年までのことであろう。

六八九年には、皇太子草壁《くさかべ》が亡くなり、即位しないまま天皇の政務を行なっていた皇后鸕野讃良《うののさらら》皇女は、六九〇年に持統天皇として即位した。それは孫の軽皇子（父は草壁皇子、母は阿閉《あへ》皇女／のちの元明天皇）に位《くらい》を継承するためであったが、次期天皇として王権内に認知させる目的で行なわれた安騎野行幸に際し、柿本人麻呂がわずか一〇歳前半の軽皇子を「わご大王　高照らす　日の皇子……」と歌い上げているのであり、その政治的意図はくわしく記すまでもない。

巻一　文武天皇②

藤原宮《ふぢはらのみや》の役民《えのたみ》の作る歌

やすみしし　わご大王　高照らす　日の皇子（日乃皇子）　荒栲《あらたへ》の　藤原がうへに　食《を》す国を　見し給《たま》はむと　……　勤《いそ》はく見れば　神ながらならし（五〇）

右、日本紀に曰《い》はく、朱鳥《あかみとり》七年　癸巳《みづのとみ》秋八月、藤原宮地に幸《いでま》す。八年甲午《きのえうま》春正月、藤原宮に幸す。冬十二月庚戌朔《かのえいぬのついたち》乙卯《きのとう》、藤原宮に遷《う》居《つ》るといへり。

「藤原宮の役民の作る歌」とあるが、先の歌謡と内容や表現が酷似することから、徴用《ちようよう》されて藤原宮《ふじわらのみや》造営に働く役民（役民）に自身を擬《なぞら》えて、柿本人麻呂が詠んだものであろう。「国を統治しているわが大王、日の皇子が藤原の地で国を治《おさ》めようと、（宮都《みやこ》を造営しているが、そこで役民が）勤《いそ》しんでいるのを見れば、神々《こうごう》しい」と、藤原宮造営と造営主を称えた内容である。

左註の内容からすれば、持統天皇八（六九四）年十二月の藤原宮遷居《せんきよ》、あるいは六九七年八月の文武天皇即位を祝《しゆく》して詠んだもの、もしくは役民を重視すれば藤原宮造営中の作とも考えられる。

四五番歌では、「日の皇子」は軽皇子であることは明白であり、この五〇番歌も、藤原宮の主《あるじ》となる軽皇子を祝福するものと見られる。しかし、藤原宮造営もしくは遷居を祝うものだから、次の五二番歌も含め、持統天皇を称えていると見る説もある(33)。

奈良県高市《たかいち》郡明日香《あすか》村飛鳥池《あすかいけ》遺跡南地区から出土した七世紀末頃の木簡《もつかん》に、天武天皇の娘の大伯《おおく》皇女を「大伯皇子」と(145)、平城京の長屋王《ながやおう》邸宅跡から出土した八世紀初頭の木簡では、長屋王の娘の圓方《まとかた》女王を「圓方皇子」と記している(95)ことから、皇子が男女を通じて用いられていたとも見られ、日の皇子という称辞を女性に用いても問題はない。

しかし、本来、藤原宮は草壁皇子、彼が亡くなってからは子の軽皇子を主とするべく準備された宮であったことから、ここでは文武天皇を指していると見るのが妥当《だとう》であろう。

巻一　文武天皇③

次も藤原宮、特にその井戸を、ひいては宮の主を褒め称えたものである。

　藤原宮の御井《みゐ》の歌

やすみしし　わご大王　高照らす　日の皇子（日之皇子）　荒栲《あらたへ》の　藤井が原に
大御門《おほみかど》　始め給《たま》ひて　埴安《はにやす》の　堤《つつみ》の上に　あり立たし　見《め》し給へば　大和の
青香具山《あをかぐ》山は　日の経《たて》の　大御門に　春《はる》山と　繁《しみ》さび立てり　畝火《うねび》の　この瑞《みづ》山は
日の緯《よこ》の　大御門に　瑞山と　山さびいます　耳成《みみなし》の　青菅《あをすが》山は　背面《そとも》の　大御
門に　宜《よろ》しなべ　神さび立てり　名くはし　吉野の山は　影面《かげとも》の　大御門ゆ　雲《くも》
居《ゐ》にそ　遠くありける　高知《たかし》るや　天《あめ》の御蔭《みかげ》　天知《あめし》るや　日の御蔭の　水こそば
常にあらめ　御井の清水（五二）

作者未詳とあるけれども、最初の「やすみしし　……　荒栲の」までが五〇番歌とまったく同じであるから、同じ人物による一連の作歌《さっか》である可能性が高い。また、五一番歌が、「明日香宮《あすかのみや》より藤原宮に遷居」したのちに志貴《しき》皇子（天智天皇の子）の詠んだ「采女の袖吹きかへす明日香風都《みやこ》を遠みいたづらに吹く」というよく知られた短歌である。

また、続く五四番歌が大宝《たいほう》元（七〇一）年の持統太上《だじょう》天皇による紀伊《きい》行幸の時のものであるから、右の長歌は六九四年の藤原宮遷居後の作で、「日の皇子」と称えられているのは文武天皇と見るのが穏当《おんとう》であろう。香具・畝傍（畝火）・耳成の大和三山《やまとさんざん》に囲まれた藤原宮の御井を讃美することで、宮の主とその治世を祝福しているのである。

四五番歌だけでなく、五〇・五二番歌も、実際は柿本人麻呂の作であろう。おそらく、それらは持統天皇の後継として定まった時、藤原宮の本格的造営時、藤原宮での即位直後と、時《とき》を追って配置したと見られる。柿本人麻呂が文武天皇を日の皇子と褒め称えた歌の一群と見てよい。

巻二　天武《てんむ》天皇

巻二では、死者を悼《いた》んで詠まれた挽歌《ばんか》（弔《とむら》いの歌）五首に、「日の皇子」の句が見える。まず左は、天武天皇が崩御して八年後に、持統天皇の夢に浮かんだという神秘的な一首である。

天皇崩《かむあが》りましし後《のちの》八年九月九日、奉為《おほみため》の御斎会《ごさいゑ》の夜、夢のうちに習ひ給《たま》ふ御歌《みうた》一首　古歌集《こかしふ》の中に出《い》づ

明日香の　清御原《きよみはら》の宮《みや》に　天《あめ》の下《した》　知らしめしし　やすみしし　わご大王　高照らす　日の皇子（日之皇子）いかさまに　思ほしめせか　神風《かむかぜ》の　伊勢の国は　沖《おき》つ藻《も》も　靡《なび》きし波に　潮気《しほけ》のみ　香《かを》れる国に　味《うま》こり　あやにともしき　高照らす　日の御子（日之御子）（一六二）

天武天皇が亡くなって後八年（持統天皇七年／六九三）九月九日のことについては、持統天皇紀七年九月丙申《ひのえさる》（十日）条に、「清御原《きよみはら》天皇の為《おほみため》に、無遮大会《かぎりなきをがみ》を内裏《おほうち》に設《まう》く」とあり、この時のことである。「古歌集」は飛鳥・藤原宮時代の歌を収めたものので、所伝の確かなことを示している。ただし、実際に持統天皇が詠んだかはあきらかでない。

おおまかな歌意《かい》は、「明日香清御原宮《あすかきよみはらのみや》で天下を治められたわが大王、日の皇子はどのように思われたのか、伊勢国は沖の藻も靡いた波に潮が香る国、恋しく思われる日

の御子」と、亡き夫の天武天皇を偲《しの》んだ内容である。

この歌で注目されることは、ヒノミコに「日之皇子」と「日之御子」という、異なるふたつの表記を用いていることである。

『万葉集』では、「日之皇子」の表記が原則と見られるにもかかわらず、「日之御子」とあるのは、編纂の際の表記の変換漏れでなければ、同じ表記を避けた文芸的技巧であろうか。もちろん、異なる表記に意味がなかったわけではなかろうが、ヒノミコという訓《くん》にこそ、この称辞の本質的意味があったことを示している。

また、ふたつの表記の使用時期を特定できることも重要であるが、おそらくは律令制下の皇子を用いた表記が新しいと見られる。歌で「日之皇子」と「日之御子」の句の間に、天皇家の祖神を祭る伊勢神宮が鎮座する伊勢国を称える句を配置しているのも意図的であり、日の思想・太陽神信仰の高揚という点からも注目される。

巻二　草壁皇子《くさかべ》①

次は、持統天皇三（六八九）年四月に亡くなった草壁皇子の喪儀《そうぎ》が催された殯宮《もがりのみや》で柿本人麻呂が詠んだ挽歌であり、作歌の年をほぼ特定できる点でも重要である。

日並皇子尊《ひなみしのみこのみこと》の殯宮の時、柿本朝臣人麿の作る歌一首　并《ならび》に短歌

天地《あめつち》の　初《はじめ》の時　ひさかたの　天《あま》の河原に　八百万《やほよろづ》　千万《ちよろづ》神の　神集《つど》ひ　集ひ座《いま》して　神分《はか》り　分《はか》りし時に　天照らす　日女《ひるめ》の命《みこと》（日女之命）一に云ふ、さしのぼる　日女の命　天をば知らしめすと　葦原《あしはら》の　瑞穂《みづほ》の国を　天地の　寄り合ひの極《きはみ》　知らしめす神の命《みこと》と　天雲《あまくも》の　八重《やへ》かき別《わ》きて　一に云ふ、天雲の八重雲別きて　神下《くだ》し　座《いま》せまつりし　A 高照らす　日の皇子は（日之皇子波）　飛鳥《とぶとり》の　浄《きよみ》の宮《みや》に　神ながら　太敷《ふとし》きまして　B 天皇《すめろき》の　敷きます国と　天《あま》の原《はら》　石門《いはと》を開き　神あがり　あがり座しぬ　一に云ふ、神登りいましにしかば　わご王《おほきみ》　皇子の命《みこと》の　天《あめ》の下《した》　知らしめしせば　春花《はるはな》の　貴《たふと》からむと　望月《もちつき》の　満《たた》はしけむと　天の下　一に云ふ、食す国　四方《よも》の人の　大船の　思ひ憑《たの》みて　天《あま》つ水《みづ》　仰ぎて待つに　いかさまに　思ほしめせか　由縁《つれ》もなき　真弓《まゆみ》の岡に　宮《みや》柱《ばしら》　太敷き座まし　御殿《みあらか》を　高知りまして　朝ごとに　御言《みこと》問はさぬ　日月の　数多《まね》くなりぬる　そこゆゑに　皇子の宮人《みやひと》　行方《ゆくへ》知らずも　一に云ふ、さす竹の皇子の宮人ゆくへ知らにす　（一六七）

かねてから議論の多い歌謡であるので、すこしばかり長いが煩《はん》を厭《いと》わずすべて引用した。

柿本人麻呂の挽歌で追憶されている日並皇子尊とは草壁皇子のことで、天武天皇八（六七九）年には、諸皇子中筆頭の地位にあり、天武天皇十年には皇太子となった。ゆえに日並皇子・日並知皇子とも称された。天皇家の重要な財産であった嶋宮《しまのみや》（現・奈良県高市《たかいち》郡明日香《あすか》村島庄《しまのしょう》）に住んだが、持統天皇三（六八九）年四月に二八歳で亡くなり、真弓丘陵《まゆみのおかのみささぎ》（現・同県高市郡高取《たかとり》町）に葬られた。

天河原《あまのかわら》での神集いや「天照らす　日女の命」、すなわち天照大神が歌われていることなどから、『記』・『紀』神話に引き寄せて解釈するのが一般であった。さらに、「飛鳥の　浄の宮（飛鳥之　浄之宮）」を飛鳥浄御原宮《あすかきよみはらのみや》のことと解して、日の皇子を天武天皇、もしくは持統天皇にあてる考えもあって（52、81）、解釈が一定していない。

ここで、細かな議論に分《わ》け入《い》ることはあまりにも煩瑣《はんさ》であるので控えるが、『記』・『紀』神話とこの挽歌では、天照大神の位置づけが異なることから、両者は似《に》て非《ひ》なるものと見るべきであろう（82）。

また、「日の皇子」を天武天皇と見ると、降臨する人物でも『記』・『紀』神話とは大きく相違するから、柿本人麻呂が天武・持統天皇とは直接血のつながりを持たない軽皇子（文武天皇）の即位資格を担保するためになした神話構想ではなかったかと見る説もある(54)。

柿本人麻呂は、既存の神話伝承を背景にしながら、新しい発想で死者を神に準《なずら》えて詠い上げているのだから、その内容が『記』・『紀』神話の展開や構成と等しいものでないのは当然である。しかしながら、これが軽皇子のための創作神話であると見なすことには、否《いな》と言わざるをえない。

すなわち、軽皇子以前にも、二世王（天皇の孫王《まごおう》）の即位例はあるわけで、特別に即位資格を担保するための神話を創作する必要があったとは考えられない。古代国家における神話共有の意味についてはのちにも述べるが、仮に挽歌を詠むに際して、新しい物語が構想・創作されることがあったとしても、それがどのようにして神話として宗教的権威を獲得していったのか明瞭ではない。

加えて、のちに述べるように、『万葉集』で日の皇子と称えられる皇子の中には、天皇位から距離がある人物、即位しない者も少なくないことなどから、この歌謡が軽皇子の即位資格を担保するために柿本人麻呂が創作した神話で、その中の日の皇子が天武天皇であるという理解が妥当であるとは考えられない。あくまでも、この長歌は草壁皇子への挽歌である。

次の問題は、この「日の皇子」を天武天皇もしくは持統天皇と解する説の論拠とされる「飛鳥の　浄の宮（飛鳥之　浄之宮）」の解釈の妥当性である。先に引いた一六二番歌の「明日香能　清御原乃宮」は、飛鳥浄御原宮であることは確かであるが、「飛鳥の　浄の宮」が飛鳥浄御原宮のことだと断定はできない。

つまり、『万葉集』におけるアスカの用字・表記は、

・和銅三（七一〇）年の遷都の際に、元明天皇が詠んだ「飛鳥の　明日香の里を（飛鳥　明日香能里乎）……」（七八）
・柿本人麻呂が泊瀬部《はつせべ》皇女・忍坂部《おしさかべ》皇子に献った「飛鳥の　明日香の河の（飛鳥　明日香乃河之）……」（一九四）
・柿本人麻呂の明日香皇女への挽歌「飛鳥の　明日香の河の（飛鳥　明日香乃河

之）……」（一九六）

など、「明日香」が一般的である。

そこに見える「飛鳥《とぶとりの》」は、それに冠せられた枕詞《まくらことば》的称辞としての使用である。もちろん、『万葉集』でアスカを「飛鳥」と記すことがないわけではないが、それは天平《てんぴょう》六（七三四）年頃から活躍する大伴坂上郎女《おおとものさかのうえのいらつめ》の「故郷《ふるさと》の　飛鳥《あすか》はあれど（故郷之　飛鳥者雖有）……」（九九二）をはじめとする時期の下る作品である。

さらに、これまでは、傍線部Aと傍線部Bは別々の人物について歌っていると解されてきたが、これも疑問である。傍線部Aは「日の皇子は飛鳥の浄の宮に神として」と、嶋宮もしくは殯宮に安置されている草壁皇子のことを、傍線部Bは「天皇の支配する国として石門を開いてあの世に赴かれた」と、いずれも亡くなった草壁皇子について述べているのである。

要するに、「飛鳥の　浄の宮」も「トブトリノ　キヨミノミヤ」という広く行なわれている訓《くん》が妥当であり、鳥霊信仰にもとづいて草壁皇子の嶋宮もしくは殯宮を称えた表現である。したがって、この日の皇子を天武天皇や持統天皇にあてることはできない。

なお、天武天皇の第一皇子で後皇子尊《のちのみこのみこと》とも称され、持統天皇四（六九〇）年七月には太政《だいじょう》大臣に任じられ、持統天皇十年に亡くなる高市《たけち》皇子に対しても、柿本人麻呂は城上殯宮《きのへのもがりのみや》（大和国広瀬《ひろせ》郡城戸《きのへ》郷／現・奈良県北葛城《きたかつらぎ》郡広陵《こうりょう》町）で長大な挽歌（一九九）などを詠んでいる。

しかし、彼の母が九州の地方豪族宗像君尼子娘《むなかたのきみあまこのいらつめ》であるため、「日の皇子」の詞章は使っていない。このことは、柿本人麻呂の中で、それを用いる人物が意識的に選別されていたことを示している。

巻二　草壁皇子②

次も、右に続く草壁皇子に仕えた舎人《とねり》らの挽歌二三首の中の二首である。

皇子尊《みこのみこと》の宮の舎人ら慟《かな》しび傷《いた》みて作る歌廿《二十》三首

高光るわが日の皇子の（我日皇子乃）万代《よろづよ》に国知らさまし嶋の宮はも（一七一）

高光るわが日の皇子の（吾日皇子乃）いましせば嶋の御門《みかど》は荒れざらましを（一

七三)

歌意は、それぞれ「日の皇子が末永く国を統治するはずであった嶋宮よ」・「日の皇子がおいでになったなら嶋宮は荒れなかっただろうに」といった、嶋宮の草壁皇子の死を悼《いた》んだ内容である。

これまでの一連の柿本人麻呂の歌謡とは異なり、「日の皇子」に冠せられた修飾語が、「高照らす」でなく『記』と同じ「高光る」であることや、表記が「我日皇子乃」・「吾日皇子乃」とあって助詞「之」を用いないことなどの特色がある。

したがって、柿本人麻呂に近いけれども、詞書《ことばがき》にあるように別人で、おそらくは実際に舎人の作であろう。草壁皇子への挽歌であるから、詠まれたのは先の挽歌とほぼ同じく持統天皇三年頃と見られ、一六七番歌とともに使用の早い事例と言えよう。

なお、詠み手が異なるとはいえ、同じ草壁皇子についての一連の挽歌群において、柿本人麻呂の長歌に見える日の皇子を天武天皇、舎人らの短歌に見える「日の皇子」を草壁皇子、とするのも整合的でない。

加えて、挽歌の中で草壁皇子を「日の皇子」と称えることと、詞書で日並皇子尊と表記することは、同じ観念に発《はっ》すると理解されるが、のちにも触れる。

巻二　弓削《ゆげ》皇子

次は、文武天皇三（六九九）年七月に亡くなった天武天皇の皇子弓削に対する、置《おき》始《そめの》東人《あずまひと》の挽歌である。

弓削皇子　薨《かむあが》りましし時、置始東人の作る歌一首　并に短歌

やすみしし　わご王《おほきみ》　高光る　日の皇子（日之皇子）　ひさかたの　天《あま》つ宮《みや》に
神ながら　神と座《いま》せば　其《そこ》をしも　あやにかしこみ　昼はも　日のことごと　夜
はも　夜のことごと　臥《ふ》し居《ゐ》嘆《なげ》けど　飽《あ》き足《た》らぬかも（二〇四）

反歌《はんか》一首

王《おほきみ》は神にし座《ま》せば天雲《あまくも》の五百重《いほへ》が下に隠《かく》り給《たま》ひぬ（二〇五）

詠み人の置始とは、置染《おきそめ》のことで染色を意味し、置始氏は染色を専門とする技術集団を統率した氏族だが、壬申《じんしん》の乱《らん》（六七二年）では置始菟《うさぎ》が大海人《おおあま》皇子側で活躍している。置始東人はその同族で、弓削皇子の舎人《とねり》（帳内《とねり》）であったと見られる。

歌意は、「わが王、日の皇子は、天上世界の宮に神としておいでになる（亡くなられた）ので、昼夜を通して嘆いても飽き足りない」と、哀惜《あいせき》の思いを表明した内容である。弓削皇子は、天武天皇の皇子一〇名中で誕生順は九番目、『続日本紀』における序列は六位であって、草壁皇子や大津《おおつ》皇子ほど天皇位に近い位置にあったわけではない。

にもかかわらず、「日の皇子」と挽歌で称えられている。弓削皇子に対する特別な扱いは、反歌の「王は神にし座せば……」とある短歌からも知られる。弓削皇子には、「日の皇子」と称えることが許される、天皇家内部の情況があったものと思われる。

おそらく、それは弓削皇子の母が天智天皇の娘の大江《おおえ》皇女であることだったと考えられる。「日の皇子」に冠された修飾語「高光る」とともに、作歌の時期が七世紀末と特定できる点も留意される。

なお、「王は神にし座せば」の章句については、のちに述べる。

巻三　長《なが》皇子

巻三では、柿本人麻呂の献歌《けんか》一首にその用例が見える。

長皇子猟路《かりぢ》の池に遊《いでま》しし時、柿本朝臣人麿の作る歌一首　并に短歌

やすみしし　わご大王《おほきみ》　高光る　わが日の皇子の（吾日乃皇子乃）馬並《な》めて　み猟《かり》立たせる　弱薦《わかごも》を　猟路の小野《をの》に　猪鹿《しし》こそば　い匍《は》ひ拝《をろが》め　鶉《うづら》こそ　い匍ひ廻《もと》ほれ　猪鹿じもの　い匍ひ拝み　鶉なす　い匍ひ廻ほり　恐《かしこ》みと　仕《つか》へ奉《まつ》りて　ひさかたの　天《あめ》見るごとく　真《ま》澄《そ》鏡《かがみ》　仰《あふ》ぎて見れど　春草の　いやめづらしき　わご大王かも（二三九）

詞書には、長皇子が猟路の池（現・奈良県桜井市鹿路《ろくろ》）に遊猟《ゆうりょう》した時に、柿本人麻呂が詠んだものとある。歌意は、「わが大王の日の皇子が、狩りをしている猟路の小野に、獣《けもの》や鳥が這《は》い回り拝《おが》むように、お仕えして仰ぎ見ると、春草のようにすばらしい大王であるよ」と、長皇子を称揚した歌である。

長皇子は弓削皇子の同母の兄で、誕生順は七番目、『続日本紀』における序列は四位であって弓削皇子より高い。長皇子・弓削皇子兄弟が「日の皇子」と称えられてい

るのは、その母の尊貴性によると考えられる。それは、右の長歌にも、

皇《おほきみ》は神にし坐《ま》せば真木《まき》の立つ荒山中《あらやまなか》に海を成《な》すかも（二四一）

という「或《あ》る本《ほん》の反歌」が載せられていることからもわかる。

長皇子は、和銅八（七一五）年六月に亡くなっているから、猟路の池への遊猟はそれ以前となるが、確かな時期は分明でない。その表現の分析から、技法として十分な展開を経《へ》た段階のものではなく、草壁皇子挽歌（一六七番歌）よりも早い持統朝初期の作品と見られている（5）。

これが、「日の皇子」の称辞を用いた柿本人麻呂初期の作品とすれば、それに冠する句が「高照らす」ではなく、人麻呂作品では例外的な「高光る」とあることや、舎人らの挽歌とほぼ同じ「わが日の皇子の」とあることなども諒解される。

巻三　新田部《にいたべ》皇子

次は、柿本人麻呂による新田部皇子への献歌である。

柿本朝臣人麿、新田部皇子に献《たてまつ》る歌一首　幷に短歌

やすみしし　わご大王《おほきみ》　高輝《ひか》る　日の皇子（日之皇子）　栄《さか》えます　大殿《おほとの》のうへに　ひさかたの　天《あま》伝ひ来る　白雪《ゆき》じもの　往《ゆ》きかよひつつ　いや常世《とこよ》まで（二六一）

歌意は、「わが大王である日の皇子の、栄えている宮殿に降る雪のように通い、末永くお仕えしたい」と、新田部皇子を称えたものである。

新田部皇子は、誕生順は一〇番目、『続日本紀』での序列は七位の天武天皇の皇子で、母は中臣鎌足《なかとみのかまたり》の娘の五百重娘《いおえのいらつめ》である。皇子は、聖武《しょうむ》天皇即位前後から天皇家内の重鎮《じゅうちん》として重んじられ、天平七（七三五）年九月に死去している。

柿本人麻呂がその頃まで生存していたとは思われないから、これも文武朝頃の作であろう。新田部皇子が「日の皇子」と称えられるのも、母の出自によると見られる。

巻三の二首には、いずれも挽歌ではなく、「日の皇子」と称えられることが皇子の母の出自との関連が想定される、などの共通点がある。

巻四以降

最後に、巻十三では、作者未詳の長歌にその句が用いられている。

やすみしし　わご大皇《おほきみ》　高照《て》らす　日の皇子の（日之皇子之）　聞《きこ》し食《を》す　御饌《みけ》つ国　神風《かむかぜ》の　伊勢の国は　国見ればしも　山見れば　高く貴《たふと》し　川見ればさやけく清《きよ》し　水門《みなと》なす　海もゆたけし　見渡す　島も名高し　此《ここ》をしも　まぐはしみかも　掛《か》けまくも　あやに恐《かしこ》き　山辺《やまのべ》の　五十師《いし》の原《はら》に　うち日《ひ》さす　大宮仕《おほみやつか》へ　朝日《あさひ》なす　まぐはしも　夕日《ゆうひ》なす　うらぐはしも　春山の　しなひ栄えて　秋山の　色なつかしき　ももしきの　大宮人《おほみやひと》は　天地《あめつち》と　日月と共《とも》に　万代《よろづよ》にもが（三二三四）

作者や作歌事情もあきらかでないが、伊勢の国褒《ほ》めから歌い出されていることや、大宮《おおみや》の所在地「山辺の　五十師の原」が伊勢国の鈴鹿山麓《すずかさんろく》の山辺行宮《やまのべのかりみや》だとすれば、大三輪朝臣高市麻呂《おおみわのあそんたけちまろ》が農繁期であるとして、冠を脱ぎ行幸を諫《いさ》めたという、持統天皇六（六九二）年三月の伊勢行幸時のものと見ることもできる。

ただ、その場合、「日の皇子」を持統天皇にあてる（33）のが妥当か否《いな》か、考えなければならない。もし随行《ずいこう》していたならば軽皇子にあてることもできるが、確証はなく、誰かが練習に詠んだ歌もしくは作り置きとも考えられ、「日の皇子」と称えられた人物も不明で、考察の対象にはできない。

柿本人麻呂《かきのもとのひとまろ》と周辺だけが用いた「日の皇子」

『万葉集』における「日の皇子」の詞章について、これまでの考察であきらかになった点をまとめてみる。

○七世紀後半から末の持統朝から文武朝に集中的に使用されているが、六八六年に亡くなる天武朝まではさかのぼらず、七〇七年に即位する元明朝には降《くだ》らない。

○その対象は、天武天皇・草壁皇子・文武天皇・弓削皇子・長皇子・新田部皇子にかぎられるが、弓削皇子・長皇子・新田部皇子は、母の出自の尊貴性による。

○詳細が不明な三二三四番歌を除く一〇首の中で、一六二一番歌を含め挽歌が五首と、半数を占める。

○詠み手は、柿本人麻呂とその周辺の人物である。

○日の皇子が、個人の名に冠されることはない。
要するに、日の皇子の称辞は、持統朝から文武朝の二〇年弱の間に、亡き天武天皇とその子・孫の一部という特定の直系皇族に対してのみ、柿本人麻呂と彼に近い少数の人物だけが用いた、きわめて特別な表現であった。

『記』の事例も併《あわ》せて考えるならば、ヒノミコは日常的に使用される章句ではなく、加えて、すべての天皇がヒノミコと称えられたわけでもない。

挽歌が半分を占めることから、亡き人物をヒノミコと称えることの意味についても考えなければならない。『万葉集』で日の皇子が個人名に冠されることがないことから、「品陀の　日の御子　大雀」は唯一の、特別な用例と言える。

用例がすべて歌謡であること、この時期多くの女帝が存在したにもかかわらず、対象が男性にかぎられることも、『記』と共通して注目される。

古代の太陽神崇拝とかかわる呼称のうち、ヒコ：ヒメ／ヒルコ：ヒルメなどは男女一対《いっつい》であるが、ヒノミコについては、ヒノヒメのような章句はもちろん、明確に女性に対して用いられた例は存在しない。柿本人麻呂の草壁皇子挽歌（一六七）にある

「天照らす　日女《ひるめ》の命」・「高照らす　日の皇子」という対句的表現が、それを考察するうえで特徴的なこととして留意される。

また、一六二番の持統天皇御製歌《ぎょせいか》の「日之御子」を除き、他は「日之皇子」・「日皇子」と表記されている。皇子の用字は天皇号の成立と一体的であるから、「日之御子」の表記が先行し、さらには『記』のように漢字の仮名《かな》表記であったと見られる。

ちなみに、「日の皇子」に冠されたタカテラスは、天照大神のテラスに呼応《こおう》した表現であるが、柿本人麻呂が宮廷歌謡のタカヒカルを踏襲、応用して、タカテラスという新しい讃辞を創作したと見られる（84、104）。

『万葉集』編纂に利用された主要資料のひとつに「柿本人麻呂歌集」があったが、そこには自身の歌だけでなく、周辺に存在した種々な歌謡も載録していることから、彼は古来の伝承歌謡について第一の識者《しきしゃ》であったと見られる。

天武天皇の時に、柿本人麻呂が稗田阿礼《ひえだのあれ》とともに『記』編纂にかかわる旧辞の検討、分析の作業にも参加していたらしいことから（57）、『万葉集』の日の皇子も、柿本人麻呂による新規の独自な発想にもとづく創作ではなく、宮廷の伝承歌謡の中のヒノミコを知り、それを借用、発展させたものであると考えられる。

『記』の原形が、天武朝にはほぼ固まっていたと見られるのに反し、『万葉集』の「日の皇子」の歌謡が、天武朝までさかのぼらないことからも、後者が新しいことはあきらかである。

『紀』に、ヒノミコの歌謡がいっさい見えないことから、『記』の歌謡を新しく見る向きもあるが(56)、それはあたらない。そもそも『記』と『紀』では、ヒノミコの詞章に向き合う態度がまったく異なるのである。

天皇は神か?

ところで、先の弓削皇子への挽歌に添えられた反歌(二〇五)に「王は神にし座せば……」、同じく長皇子への献歌の反歌(二四一)にも「皇は神にし坐せば……」とあることにかかわり、七世紀後半に、天皇は神にまで高められたと見なされることがあるので、このことも触れておこう。

この句を用いた短歌は、右のほかに巻三の、

　天皇、雷岳《いかづちのをか》に御遊《いでま》しし時、柿本朝臣人麿の作る歌一首
皇《おほきみ》は神にし座せば天雲《あまくも》の雷《いかづち》の上に廬《いほ》らせるかも（二三五）
右、或《あ》る本《ほん》に曰《い》はく、忍壁《おさかべ》皇子に献《たてまつ》るといへり。その歌に曰《い》はく、
王《おほきみ》は神にし座せば雲隠《くもかく》る雷《いかづち》山に宮敷《みやし》きいます

巻十九の、

　壬申《みづのえさる》の年の乱の平定しぬる以後の歌二首
皇は神にし座せば赤駒《あかこま》の腹這《はらば》ふ田居《たゐ》を京師《みやこ》となしつ（四二六〇）
右の一首は、大将軍贈《ぞう》右大臣大伴卿《おほともきやう》作れり。
大王《おほきみ》は神にし座せば水鳥《みづとり》のすだく水沼《みぬま》を皇都《みやこ》となしつ（四二六一）
右の件の二首は、天平勝宝四年二月二日に聞きて、即《すなは》ち茲《ここ》に載《の》す。

を合わせて、五首である。

特に、巻十九に載る二首は、壬申の乱で勝利を得た天武天皇を称えたものであることから、天武天皇の神格化が進んだと評価することは容易である（47、54）。

しかし、オオキミの表記が「王」・「皇」・「大王」とさまざまであるだけでなく、こ

こで称えられているのは弓削皇子・長皇子・天皇（或《あ》る本《ほん》では忍壁皇子）・天武天皇らであり、必ずしも天皇にかぎるわけではない。

ましてや、二〇五番歌は死者に贈られた挽歌である。この句も、「日の皇子」よりすこし前に、歌謡において、天武天皇とその皇子の一部にのみ柿本人麻呂や大伴御《おおともの》行《みゆき》らが用いたものである。対象・時期ともにきわめて限定的であり、巻十九の二首は天平勝宝四（七五二）年に再発見されたということから、広く行きわたることはなかったと見てよい。

すなわち、「オホキミは神にしマせば」は一時的に用いられた天皇・皇子讃美の詩文の技巧、修辞にすぎず（45）、これをもって天皇の神格化が進み、神にまで高められたとは言えない。

ヒノミコは太陽神の末裔《まつえい》ではない!?

ヒノミコという語句の意味については、太陽神である天照大神の末裔の意味とする立場（6、84、138）と、他の「日」の用例から見て、日のように照り輝くミコと解する説（79）があるが、前者の立場の研究者が多い。

ここまでの記述であきらかなように、ヒノミコは歌謡の中でのみ用いられた非常に特殊かつ限定的な用語であり、女帝や皇女がその詞章で称えられたことはない。これでもって称えられるのは、『記』では太陽神の庇護《ひご》のもとに東征《とうせい》を進めた伝説の英雄ヤマトタケル、その理由は後述するがオオサザキ、タケルの名を継承するとともに太陽神の霊威《れいい》を背後から受けて河内日下の若日下王に求婚したワカタケルのみであり、広く天皇一般をヒノミコと観想し、称えることはない。

また、『万葉集』の柿本人麻呂挽歌（一六七）で、詞書に「日並皇子尊」と表記することと（52）、歌の中で草壁皇子を「日の皇子」と称えることとは、同じ観念に発するものではないかと見られる。ヒナミシ皇子尊は日に並ぶ尊貴な皇子のことで、草壁皇子は日と等価の存在であるというのである。つまり、ヒナミシ皇子・日の皇子ともに、太陽神の子孫の意でないことは明瞭である。

すなわち、ヒノミコを太陽神の末裔の意と見ることはできない。

ヒノミコに冠せられた修飾語タカヒカル・タカテラスは、高いところで光り輝いている太陽そのものを指していることからも、ヒノミコは日と等しい尊貴な人物、言うならば太陽王を表わす古代的表現であったと解するのが妥当である。

古代社会における思惟《しい》と表現は、今日よりも直截《ちょくせつ》的であり、系譜関係ではなく崇敬を集める太陽との一体性が重視され、それこそかぎられた彼らだけがヒノミコと称えられた理由であったと考えられる。だから、『万葉集』の挽歌で死亡した人物をヒノミコと称えても、何ら違和感がなかったのである。

第四章

天皇家の太陽神信仰の起源

世界各地に存在する、動物競争話

応神天皇記に見える「品陀《ほむた》の　日《ひ》の御子《みこ》　大雀《おほさざき》」という詞章の理解にかかわり、ずいぶんと遠回りをしてきた。それは、そこに古代の天皇と太陽神崇敬の関係について考察する手がかりが存在すると考えたからである。

さて、これは他に例がない特別な詞章であるが、オオサザキ（大雀）にのみヒノミコが冠せられている理由をあきらかにする鍵は、オオサザキという名そのものにある。

その命名にかかわる説話については最初に述べたが、オオサザキという名の本質を考える手がかりになるのが、鷦鷯《さざき》（ミソサザイ）が鳥の王になるという昔話である（131）。その昔話は動物競争物語に分類されるが、一般に「鳥の王の選挙」・「鷦鷯は鳥の王」・「みそさざいと鷹《たか》」の三型に分けられる（67、136）。しかし、あとの二型は主な内容が共通し、ひとつに括《くく》ることができるから、次のふたつの型に分けて紹介する。

後者の要旨は、

鳥の王の鷹と小さな鶺鴒が、猪を倒す競争をした。鶺鴒は耳の中に入り、方向感覚を狂わせて猪を倒した。それを知った鷹は欲を出し、一度に二頭の猪をつかんだけれども、猪はそれぞれ別方向に走ったので、股《また》を裂かれて失敗し、鶺鴒が鳥の王になった。

というもの。なお、小さな鶺鴒が罠《わな》にかかった鵬《おおとり》（あるいは孔雀《くじゃく》）を賢明な方法で助けたので鳥の王になった、というものもある。いずれにしても、ここでは小さくとも賢明であることが理由で、鶺鴒は鳥の王となる。

前者の要旨は、

鶺鴒と鷹が、太陽を最初に見たものが王になるという賭《か》けをした。鷹は西を向くが、鶺鴒は東を向いて一番先に太陽を拝《おが》んだので、鳥の王になった。

というもので、東北から九州にかけて分布する。類似の民話は、韓国の「蜉蝣《かげろう》の虎《とら》」がこれにあたり、紀元前三世紀頃のギリシアの『イソップ物語』や最古（紀元二〇〇年頃）の子ども向け書籍とされるインドの『パンチャ＝タントラ』、十九世紀のドイツの『グリム昔話集』など、海外にまで広く分布する。

これも、鶺鴒の賢明さが称えられているようだが、時代を超えて地理的分布も広範なことから、かなり古い文化層に属する物語と思われる。

なお、かつての神奈川県津久井郡《つくい》（現・同県相模原市《さがみはら》緑区《みどり》）で採録された昔話は、「鳥仲間で、太陽を一番先に発見したものが、鳥の王になることにする。鶺鴒が発見して、鳥の王になる。また、耳の中に鶺鴒が入ったので、猪が崖《がけ》から落ちて死んだ。それで鶺鴒が鳥の中で一番強いことになる」という、二類型が融合した内容である。

ここで重要なのは、「鶺鴒が太陽を発見したので鳥の王になった」という、鶺鴒と太陽の結びつきを語る民話の存在であり、これは鶺鴒を太陽の象徴とする観念が存在したことを示唆している。

サザキとハヤブサの争い

七世紀以前のわが国に、右の物語が存在したという確証はないが、それを間接的に傍証する所伝は存在する。

それは、『記』・『紀』の、仁徳天皇が異母妹である女鳥王《めとり》（雌鳥皇女、母は丸邇之比《わにのひ》布礼能意富美《ふれのおおみ》の娘宮主矢河枝比売《みやぬしやかわえひめ》）を、異母弟である速總別王《はやぶさわけ》（隼別《はやぶさわけ》皇子、母は桜井田《さくらいた》部連《べのむらじ》の祖嶋垂根《しまのたりね》の娘糸井比売《いといひめ》）と争う物語である。

それによれば、天皇のメトリ求婚の媒《なかだち》になったハヤブサワケが任務に反して、メトリと相愛の仲になり、逃避行の末に宇陀《うだ》の蘇邇《そに》（現・奈良県宇陀郡曽爾《そに》村）で最期を迎えた（『記』）、あるいは伊勢神宮を目指し菟田《うだ》の素珥《そに》山を経て伊勢の蔣代野《こもしろの》で殺害され廬杵《いおき》河（雲出《くもず》川、現・三重県津《つ》市あたり）に埋葬された（『紀』）、とある。

『記』では訪ねて来たハヤブサワケにたいしてメトリが、

雲雀《ひばり》は　天《あめ》に翔《かけ》る　高行くや　速總別《はやぶさわけ》　鷦鷯《さざき》取《と》らさね（佐邪岐登良佐泥）

すなわち、「天を高く翔《かけ》るハヤブサワケよ、サザキをお取りになって下さい」と歌ったという。

仁徳天皇紀四十年二月条では、ハヤブサワケがメトリの膝《ひざ》を枕に臥《ふ》していた際に「鷦鷯と隼《はやぶさ》とどちらが速いか」と尋ねたところ、皇女は「隼が俊敏である」と答え、舎人《とねり》らは、

隼は　天に上り　飛び翔り　斎《いつき》が上の　鷦鷯取らさね（娑奘岐等羅佐泥）

と歌ったとある。

この物語の主張するところは、猛禽《もうきん》の隼と弱小の鷦鷯が争い、予想に反して鷦鷯が勝利することにある。

このように『記』・『紀』編纂以前に、鷦鷯が隼や鷹などの猛禽と争い、小さな鷦鷯が勝利するという説話が存在したことは確かである。後世的に付加された可能性もあるが、『紀』では隼別皇子らが伊勢神宮を目指したとあるのも、鷦鷯を太陽の象徴とする観念との関連が推察される。

なお、廬杵河（廬城河）にかかわり、次章で触れる雄略天皇紀三年四月条の、廬城《いおき》部連《べのむらじ》枳莒喩《きこゆ》・武彦《たけひこ》父子と伊勢斎宮《さいぐう》（伊勢神宮に奉仕する未婚の皇女や女王。斎王《さいおう》とも言う）の栲幡姫《たくはたひめ》皇女（稚足姫《わかたらしひめ》皇女）が悲劇に終わる物語が、この河の流域を舞台とし、かつ伊勢神宮との関連を語っているのも偶然ではなく、同様な宗教的背景が見え隠れする。

いずれにしても、猛禽との争いに勝利した鷦鷯を鳥の王、かつ太陽の象徴とする観念が存在したならば、五世紀の王統の祖《そ》的位置にある王に、オオサザキの名が贈られた歴史的、思想的背景も容易に理解される。

太陽を最初に発見して鳥の王になったサザキを太陽の象徴とすれば、サザキの名を持つ王はまさしく太陽王を意味するわけだから、日の御子と称えられて当然のことであった。

オオサザキは何を表わすか？

ヒノミコは太陽神の末裔の意ではなく、日に等しい尊貴な人物、言うならば太陽王を表わす古代的表現であった。

応神天皇記の件の歌謡の一首を除き、『記』・『万葉集』に見えるヒノミコには、すべてタカヒカル・タカテラスという修飾語が付されているが、それが太陽王を意味するならば、理解は容易である。唯一の例外である「品陀の　日の御子　大雀」の歌謡こそ、ヒノミコの詞章を使用した最初であり、事《こと》の本質はここに存在する。

すなわち、サザキを太陽の象徴とする観念の存在から、「品陀の　日の御子　大雀」は、「品陀の太陽王オオサザキ」という称辞が導かれる。サザキは太陽の象徴であるから、オオサザキが太陽王と称えられて当然である。

太陽を象徴するサザキの名を持つ王はまさしく太陽王を意味し、日の御子そのものであった。先に触れたオオサザキの名や、名代の成立時期などを参酌《さんしやく》すれば、この歌謡の成立が五世紀代までさかのぼる可能性も、あながち否定できない（3）。

おそらく、五世紀には、すでにオオサザキの名とそれにまつわる物語や歌謡が成立していて、天皇家による太陽神崇敬も始まっていたと考えられる。

天皇家と太陽女神

さて、ヒノミコが太陽王を意味し、かつサザキが太陽を象徴し、「品陀の　日の御子　大雀」が品陀の太陽王オオサザキという意味の称辞であったなら、天皇家が太陽女神を祖神として崇敬することとの関連について述べなければならない。

これにかかわり、天皇家の祖神が律令国家形成期である天武・持統天皇の頃（六七三〜六九六）に変化した、さらには意図的に入れ替えられたとする説が有力である。

まず前者から検討をするが、天照大神という神名《しんめい》の成立は七世紀後半から末頃で、本来は山川草木《さんせんそうもく》や天照大神・月神《つきのかみ》（月読命《つくよみのみこと》）・素戔嗚尊《すさのおのみこと》（須佐之男命《すさのおのみこと》）の三貴子《さんきし》誕生を語る神代紀第五段に見える、大日孁貴《おおひるめのむち》（日女命《ひるめのみこと》）だったとする。その理由は、律令国家形成に向けて儒教的徳治《じゅきょうてきとくち》主義にもとづく天皇統治への意義づけとする（80、114）。

この説では、ヒノミコはそれに対応した語で、「品陀の　日の御子　大雀」の歌謡も持統天皇の時に作られたと見るが、ヒノミコについての私見は先に記した。

大日孁貴と天照大神については、神代紀第五段「一書云《あるふみにいわく》」に「天照大日孁尊《あまてらすおおひるめのみこと》」の神名もあり、新旧を論じることは適切ではない。皇祖神《こうそしん》の名が『紀』の中で統一的でないのは、成立の新旧を示しているのではなく、所伝が多様だったことを物語る。

すでに五世紀には、天皇家は太陽神を崇敬していたと見られるが、それが皇祖神としての地位を確立していたか、また女神としての神格《しんかく》を得ていたかなどのことは、分明ではない。太陽女神を皇祖神と位置づけた始原から、天照大神の神名で伊勢に奉斎されるまでの歴史的過程については多くの先行研究があるものの、具体的な点でなお見解は一致していない。

太陽崇拝や太陽神話は人類文化史上、比較的発達した文化において、顕著に現われ、しばしば王権との結びつきを示す（20）。また、東アジアには女神信仰が広く分布することから（30、103）、天照大神が特異であるとは言えない。

共同幻想による共有観念である神とその信仰も歴史的存在であるから、時空とともに変化するのは当然である。そのうえ、関連史料が僅少で、信憑性に問題があるだけでなく、反面では宗教や信仰は伝統を墨守する一面もあるから、その歴史的変化の追究も容易ではない。これらの問題については、第七章でまとめて述べる。

伊勢大神《いせのおおかみ》を地方神とする説

天照大神信仰の始原と変遷について、ほぼ半世紀以上も前の研究であるが、引用の如何《いかん》にかかわらず、今日の研究にも少なからず影響を与えているのが、筑紫申真《つくしのぶざね》氏の主張である。その論旨《ろんし》は多岐《たき》にわたるが、関係する部分の要旨を要約、紹介しよう。

①地方神の伊勢大神が、伊勢神宮・天照大神に発展したのである。天照大神は、男性の雷神《らいじん》であったアマテルが成長、発展した最終段階で創出された、非常に特殊

な宮廷神である。壬申の乱の最中に天武が伊勢国朝明郡《あさけ》（現・三重県三重郡から四日市市《よっかいち》あたり）迹太川《とお》辺で望拝した天照大神は、自然の太陽にすぎないが、地方神の伊勢大神を祖神とする契機になった。天照大神が皇祖神とされたのは持統朝の終わり頃で、伊勢神宮が成立したのは『続日本紀』に「多気《たけ》大神宮を度会郡《わたらひ》に遷《うつ》す」とある文武天皇二（六九八）年十二月のことである。

②天照大神の誕生は、天皇家にアマテルの信仰があったうえに、南伊勢出身の語《かたり》部《べ》が宮廷にいて、同じ性質の太陽神信仰を語り伝えていたために、伊勢大神が天武によって尊敬されることになった。

③伊勢神宮は、天皇家が神権的絶対性を家系のうえに確立して『記』・『紀』を編纂する際、宮廷で高天原《たかまのはら》神話の創作に従事していた猿女君《さるめのきみ》氏のふるさと、伊勢に伊勢神宮が引き寄せられて創設され、猿女の一族宇治土公《うじのつちきみ》が司祭者に任じられた。『続日本紀』慶雲《けいうん》二（七〇五）年九月条の、大倭国《やまと》宇多《うた》郡の八咫《やた》烏《からす》社創祀記事が傍証となる。

④天照大神は持統天皇をモデルにしている部分がある。神代紀第九段一書《あるふみ》第一の天《てん》

壌無窮《じょうむきゅう》の神勅《しんちょく》は猿女が創作し、皇后持統が発したものである。天照大神→オシホミミ→ニニギという天孫降臨神話における構図は、持統→草壁皇子→文武天皇の関係を反映している。

まず、①にかかわり、「天皇を太陽神の御子とする信仰の成立とヒノミコの思想は、地方神であった伊勢大神が天武天皇の時に皇祖神化されたことと無関係ではない」との説もある(75)。

しかしながら、『紀』において大神《おおかみ》と称えられるのは、出雲《いずも》・紀伊《きい》・胸形《むねかた》(宗像)・大倭《やまと》・大物主《おおものぬし》・住吉《すみのえ》・猨田彦《さるたひこ》・笥飯《けひ》・土左《とさ》などの神である。天武天皇紀四年三月条と朱鳥《あかみとり》元年八月条に見える土左大神だけはその理由があきらかでないが、ほかはすべて天皇や王権と密接な関係が知られる神ばかりである。

『記』でも、その傾向は同様であり、伊勢大神を伊勢の豪族が奉斎した地方神と説くが、単なる地方神を大神と記すことはなく、それは伊勢神宮で祭られる天照大神と見るべきである。新しく伊勢の地方神を天皇家の祖神に据《す》えても、天皇家と王権の宗教的権威を保証するものとなりえたか疑問である。

次に、壬申の乱の最中《さなか》に大海人《おおあま》皇子が伊勢国朝明郡迹太川辺で天照大神を望拝したのは、単なる自然の太陽に天候の回復を祈願したのではなく、天照大神とあるように、すでに伊勢に鎮座していた皇祖神に加護を祈願したととらえるべきである。

文武天皇二年の多気大神宮の伊勢国度会郡遷座《せんざ》については、神宮文庫本『続日本紀』に「多気大神宮寺《じ》」とあることから、神宮寺（いわゆる社務所）を遷したと解するのも一案であるが、天照大神を祭る伊勢神宮を遷したと見てもよい。それは、今日に続く伊勢神宮の変遷の一齣《ひとこま》ではあっても、天皇家の祖神を祭る神社がすでに伊勢国内に鎮座していたことを否定するものではない。

②については、地方の語部が宮廷に持ち込んだ神信仰を、天皇家が抵抗感もなく受け入れて皇祖神に位置づけるようなことが考えられるだろうか。そうしたことで天皇家の宗教的権威が維持できたのか、疑問が大きい。

③では、慶雲二年の大倭国宇多郡の八咫烏社創祀は、『記』・『紀』編纂過程での復古的な動きのひとつと解することも可能であろう。世界史的に見ても、古代の王はおおむねそうであるが、天皇もその当初から、ある種の宗教的聖性《せいせい》を観想されていたと

思われる。

それは、『記』・『紀』編纂という新しい時期に獲得するような性格のものではない。もちろん、この聖性も歴史的に変化するであろうが、もし右説のとおりなら、天武天皇以前の天皇は、どのような宗教的権威をまとっていたのであろうか。

また、猿女君氏が高天原神話の創作に従事していたことも、まったく未証明である。加えて、地方の祭祀氏族の本拠地に引き寄せられて、皇祖神を祭る神社が創祀されることがあるだろうか。地方神を天皇家の祖神とすることが、天皇家が宗教的優位性を確立することにつながったであろうか。また、天皇家内部だけでなく、王権を構成する有力氏族らがそれを納得したのだろうか、などの点で疑問が大きい。

さらに、王権が分断策を弄《ろう》さなければならないほどに、伊勢の海部《あまべ》や度会・宇治土公氏らが天武天皇の代まで大勢力を保持して、結束していたことも考え難い。

延暦《えんりやく》二十三（八〇四）年に伊勢神宮が朝廷に提出した『皇太神宮儀式帳《こうたいじんぐうぎしきちょう》』（『群書《ぐんしょ》類従《るいじゅう》』神祇部《じんぎぶ》）には、早くも七世紀中頃の孝徳天皇の代（六四五〜六五四年）に、度会と多気に神郡《しんぐん》（神評《かみのこおり》／神宮領）が設置されたと記されることや、海部そのものが王権内の存在であることなどを考えるならば、したがうことはできない。

④の神話を事実の反映と解する説（モデル論）についてはのちにも述べるが、天孫降臨の際の神勅がそれほど重要なものだったのなら、異伝である一書《あるふみ》にしないで、どうして『紀』本文に記載しなかったのだろうか。また、古代の神話が実在の人物を手本にして創作される性格のものなのか、王家や王権の内部でそうした作為が許容されたのかなどについても、否定的にしか考えられない。

要するに、皇祖神を奉斎する神社が伊勢に鎮座することの理由として、伊勢地方で信仰されていた太陽神信仰、地方神である伊勢大神を天皇家が取り込んで七世紀末に成立したと説いているが、古代社会や倭国王権の実態から背《そむ》き離れた主張であって、とうていしたがうことはできない。

太陽神信仰の伝承①

さて、本題に戻り、オオサザキをヒノミコと称揚《しょうよう》した頃には、天皇家による太陽神崇敬が行なわれていたと推察されるが、それが皇祖神にまで昇華《しょうか》していたかは分明でない。そこで、関連史料は僅少であるが、『記』・『紀』から天皇家による太陽神崇敬の変遷過程の概要を見てみよう。

史実性の見定めが困難な時代であるが、十四代仲哀天皇以前の太陽神の崇敬や祭祀にかかわる所伝を摘記する。実在したとすれば四世紀前半、十代崇神《すじん》天皇の代のこととして、一連の祭祀関連記事の中に、天照大神にかかわる記事が配置されている。

五年：国内に疫病《えきびょう》が流行した。

六年：百姓《おおみたから》が流離《さすら》い、背叛《そむ》く。徳をもっても治《おさ》めることが難しい。「是《これ》より先に、天照大神・倭大国魂《やまとのおおくにたま》、二《ふたはしら》の神、天皇の大殿の内に並祭《まつ》る。然《しかう》して其《そ》の神の勢《みいきほい》を畏《おそ》りて、共《とも》に住みたまふに安《やす》からず」。それで、天照大神を豊鍬入姫命《とよすきいりひめのみこと》に託《つ》けて祭り、磯堅城《しかたき》の神籬《ひもろき》（堅牢《けんろう》な神祭りの施設）を立てた。倭大国魂神は渟名城入姫命《ぬなきのいりひめのみこと》に託《つ》けて祭らせたが、髪が抜け落ち痩《や》せて祭ることができなかった。

七年：天皇が神浅茅原《かみあさじはら》で八十万《やそよろず》の神を会《つど》えて卜《うらな》った際に、大物主神《おおものぬし》が倭迹迹日《やまとととび》百襲姫命《ももそひめのみこと》に依《よ》り憑《つ》き、国の安寧《あんねい》を得るには我《われ》を祭れと求めた。神の教えのままに祭ったけれども、一向《いっこう》に効験《こうけん》がなかった。天皇はさらに夢告《むこく》で神の意思を求めたところ、大物主神がわが子の大田田根子命《おおたたねこのみこと》をもって祭るように告げた。倭迹速神浅茅原目妙姫《やまとととはやかみあさじはらまくわしひめ》・穂積臣《ほづみのおみ》の遠祖大水口宿禰《おおみくちのすくね》・伊勢麻績君《おみのきみ》の三人も、大田田根子命を大物主神の祭主《さいしゅ》に、市磯長尾市《いちしのながおち》を倭大国魂神の祭主とすれば天下太平となるという、同じ夢を見たと報告した。そこで、大物主神と陶津耳《すえつみみ》の娘の活玉依媛《いくたまよりひめ》の間に生まれた大田田根子命を茅渟県陶邑《ちぬのあがたすえむら》に得て大物主神を、市磯長尾市には倭大国魂神を祭らせたところ、国内はようやく静謐《せいひつ》になり五穀豊穣《ごこくほうじょう》となった。

八年：三輪《みわ》の神酒《みわ》の起源物語と、大田田根子命が三輪君《みわのきみ》氏の始祖であることを記す。

九年：天皇の夢告により、赤盾《あかたて》・赤矛《あかほこ》を以《もっ》て墨坂《すみさか》神、黒盾・黒矛を以て大坂《おおさか》神を祭る。

大坂神（大坂山口《おおさかやまぐち》神社／現・奈良県香芝《かしば》市逢坂《おうさか》）と墨坂神（墨坂《すみさか》神社／現・同県宇陀市榛原《はいばら》）を赤・黒の矛・盾で祭ったことも興味深いが、ここでの目的ではないので割愛する。

一連の所伝で重要なことは、天皇が宮殿内で天照大神の祭祀に苦慮していることである。また、天照大神を天皇家の祖神として殊更《ことさら》に崇敬し、称揚しようとする態度が見られないことにも注目される。

さらに、ここでの祭祀の中心が、ヤマトの地主神的神格《しんかく》である倭大国魂神（大倭大《やまとのおお》神《かみ》。大和国山辺《やまべ》郡の式内名神大社大和坐大国魂《おおやまとにいますおおくにたま》神社／現・奈良県天理《てんり》市新泉《にいずみ》町）と大物主神（同国城上《しきのかみ》郡の式内名神大社大神大物主《おおみわおおものぬし》神社／現・同県桜井市三輪《みわ》）、なかでも後者にあること明瞭である。

次に、垂仁天皇紀二十五年三月条は、天照大神を豊耜《とよすき》（豊鍬）入姫命《いりひめのみこと》から離し倭姫命《やまとひめのみこと》に託けて菟田《うだ》（現・奈良県宇陀市）・近江《おうみ》（現・滋賀県）・美濃《みの》（現・岐阜県）を巡幸の末に、伊勢に鎮座する物語である。

なお、異伝は、渟名城入姫命の祭ることができなかった大倭大神（倭大国魂神）を、大倭直《やまとのあたい》氏の祖である長尾市宿禰《ながおちのすくね》に祭らせたと記す。また、「崇神天皇は神祇祭祀《じんぎさいし》の根源を理解せず、枝葉の事柄《ことがら》にとどまっていたので短命に終わった」とも記す。

ここでは、大物主神・倭大国魂神・天照大神の祭祀が相互に連関するとの観念が知られるとともに、ようやく天照大神の鎮座地を確保したということであって、天照大神のみを強く称揚しようという態度ではない。おそらく、伊勢神宮が伊勢に鎮座する以前、天皇が自ら宮殿の奥深くで、秘儀的に祖神を祭祀していた時期があったのだろう。

他方、崇神天皇記における祭祀記事としては、意富多多泥古命《おおたたねこのみこと》による大物主神の祭祀と、衣《ころも》の裾に着けた糸を手繰《たぐ》ることで夜毎《よごと》に訪れる神の素姓《すじょう》を知るという、苧環《おだまき》型三輪《みわ》山神婚《しんこん》物語が記されている。ただ、系譜的部分で「妹豊鉏比売命《いもとよすきひめのみこと》は、伊勢大神の宮を拝き祭りたまひき。」とあり、伊勢神宮の存在を前提とした記述が見える。

垂仁天皇記では、言葉に不自由な本牟智和気《ほむちわけ》王が出雲大神（大国主《おおくにぬし》神）の霊験《れいげん》で回復する物語と、系譜的部分に「次に倭比売命《やまとひめのみこと》は、伊勢大神宮を拝き祭りたまひき。」という『紀』に近い記述がある。しかしながら、『紀』のような天照大神の伊勢遷座記事はない。

こうした『記』・『紀』の所伝を勘案すれば、崇神・垂仁天皇の頃に、のちに天照大神と称えられる太陽神を天皇家が祖神として崇《あが》めていたか、疑問に思われる。

太陽神信仰の伝承②

先に述べたが、応神天皇が神と名を取り換えたのは、角鹿《つぬが》の笥飯《けひ》大神（越前国敦賀郡鎮座の式内名神大社、気比神社の神の伊奢沙和気大神《いざさわけのおおかみ》）であったが、この神の鎮座地にかかわり、垂仁天皇紀二年是歳一云《このとしあるにいわく》条には、「崇神天皇の時に渡来した意富加羅《おおから》国の王子都怒我阿羅斯等《つぬがあらしと》は越《こし》国の笥飯《けひ》浦に上陸した」とある。

意富加羅国とは、朝鮮半島南部の大加羅《おおから》国のことだが、その第二の異伝には、「都怒我阿羅斯等が本国にいた時に、農具を負わせた黄牛《あめうし》を郡公《むらつかさ》らに食《しょく》されてしまい、その代償に獲得した神である白石の変じた美女のあとを追って渡来した」とある。

これは、新春に牛を生贄《いけにえ》として執り行なわれた耕作始めの儀礼の物語であるが、留意されるのは「この時に渡来した美女は難波の比売語曾社《ひめごそのやしろ》と豊国国前《とよくにみちのくち》郡の比売語曾社の神となった」と伝えることである。

難波の比売語曾社は、摂津国東生《ひがしなり》郡の式内名神大社の比売許曾《ひめこそ》神社（現・大阪市東成区東小橋三丁目、元・天王寺区小橋町）、豊国国前郡のそれは、現在の大分県東国東《ひがしくにさき》郡姫島《ひめしま》にあてられる。

摂津の比売許曾神社の祭神《さいじん》は、『延喜神祇式《えんぎじんぎしき》』には下照姫命《したてるひめ》とあるが、これは「上から下を照らす」という太陽神の特性にもとづいた名である。すなわち、都怒我阿羅斯等伝承は太陽神、しかも農耕祭祀において祭られる女神の物語でもある。

さらに注目されるのは、摂津の比売許曾神社の縁起《えんぎ》伝承でもある第二の異伝と同じ内容の所伝が、応神天皇記では新羅国主《こにきし》の子、天之日矛《あめのひぼこ》の物語として記載されていることである。つまり、天之日矛物語も、耕作始めの殺牛農耕祭祀の物語である点で、都怒我阿羅斯等の説話と大筋で等しい。

応神天皇記のアメノヒボコ物語では、美女に変じるのが赤玉《あかたま》であり、難波比売碁曾神社の神名が阿加流比売《あかるひめ》神とあるのが異なるが、これは伝承を担った集団の相違、もしくは時間の経過による変容であろう。阿加流比売神は赫々《かくかく》と照り輝く太陽の特性にもとづく神名であり、両者は本来、同様な殺牛農耕祭儀に由来する物語であった。

特に「美女に変じる赤玉は、阿具奴摩《あぐぬま》の辺で昼寝中の女性の陰部に虹のような日の光が射して生まれた」という日光感精《にっこうかんせい》型の天之日矛物語では、太陽神崇敬がより色濃いと言える。

応神天皇と渡来系集団

右にかかわり『摂津国風土記』逸文でも、

摂津国の比売島松原《ひめしまのまつばら》は昔、軽島豊阿伎羅宮《かるしまのとよあきらのみや》御宇《にあめのしたしろしめしし》（応神）天皇の時に新羅国の女神が夫から逃れ、筑紫《つくし》の伊波比乃比売島《いわいのひめしま》（現・大分県東国東郡姫島）を経由して渡来し、住みついたので島の名とした。

とある。

摂津国の比売島松原は、安閑天皇紀二（五三五）年九月条に「牛を難波の大隅嶋《おおすみのしま》と媛嶋松原《ひめしまのまつばら》に放たせた」とある媛嶋松原（現・大阪市西淀川区姫島付近、もしくは守口市から門真市あたり）と同所である。王権直営の牛牧場の設置や説話における牛の犠牲を考えるならば、都怒我阿羅斯等・天之日矛物語を伝えた集団は、貴重であった牛を飼育し、農耕祭儀に利用する文化を保有していたことがわかる。

ツヌガアラシトやアメノヒボコの説話に見える白石・赤玉も太陽の象徴であり、日光に感じて始祖となる人物を懐妊《かいにん》するという北アジア系の日光感精型と、神聖な卵や玉から誕生したとする南方系の卵生《らんせい》型の要素が複合した物語であることは、早くに指摘がある（140）。

難波比売許曾神社の祭神下照姫命あるいは阿加流比売神も、その神格は光り輝く太陽女神と見てよい。

要するに、都怒我阿羅斯等・天之日矛物語は、直接的な歴史事実を語るものではないが、その時間と場所において応神天皇とのかかわりが伝えられること、これを語り伝えたであろう渡来系の集団は太陽女神を奉斎していたと見られることなど、天皇家の祖神像と類似していることに留意される。

さらに、摂津国の比売嶋松原は、仁徳天皇記において雁が時ならず産卵し、仁徳天皇が建内宿禰から「日の御子」と称えられる歌謡を贈られた日女島《ひめしま》と同所であり、卵生型説話との関連を示している。

他方、『紀』のアメノヒボコ物語は、垂仁天皇紀三年三月条に載る。そこでは新羅の王子《おうじ》である天日槍《あめのひぼこ》が、

羽太玉《はふとのたま》・足高玉《あしたかのたま》・鵜鹿々赤石玉《うかかのあかしのたま》・出石小刀《いづしのかたな》・出石桙《ほこ》・日鏡《ひのかがみ》・熊神籬《くまのひもろき》

の七種の品々を持って渡来したとある。

その将来物については、同条分註（胆狭浅大刀《いささのたち》を加えて八種）と同紀八十八年七月条（アメノヒボコ末裔の清彦《きよひこ》が出石桙を除く六品を天皇に献上）、および応神天皇記（玉・肩にかける布の領巾《ひれ》・鏡の類《たぐい》八種）にも見える。

その中の鵜鹿々赤石玉は、先の物語で美女に変じる白石・赤玉と等しく、太陽神の象徴である。日鏡も同様であり、出石桙は主人公の名（日矛／日槍）そのものであると同時に、その形状から見て、おそらくは男神である太陽神の象徴と見られる。

これらの神宝《しんぽう》を収め祭ったのが、式内名神大社の出豆志坐《いづしにいます》神社（現・兵庫県豊岡《とよおか》市出石町《いずしちょう》）であるが、右の垂仁天皇紀八十八年七月条によれば、一部は天皇に献上したという。その献上物に出石桙が含まれず、応神天皇記でもその神宝にホコが見えないのは、これがアメノヒボコを象徴するもっとも貴重な神宝であったからであろう。

日矛が太陽神の象徴であるとともに、祭祀において太陽神を依《よ》り付かせる呪術的な祭具であったことは、神代紀第七段一書《あるふみ》第一の天石窟戸《あまのいわやと》神話に、

磐戸《いわと》を閉じて石窟《いわや》に籠《こも》った天照大神を招き出すため、石凝姥《いしこりどめ》に命じて天香山《あまのかぐ》の金《かね》で日矛《ひぼこ》と、真名鹿《まなか》の皮を全剝《うつは》ぎにした天羽鞴《あまのはぶき》を用いて神象《かみのみかた》を作らせた。

とあることからもあきらかである。

送風器の羽鞴は女性の陰部、日矛は太陽（光線）かつ陽精《ようせい》の象徴である（115）。天之日矛とは「太陽神の陽精である太陽光線を象徴する貴人《きじん》」という意であろう。

さらに、『筑前《ちくぜん》国風土記』逸文の怡土《いと》郡（現・福岡県糸島《いとしま》半島南部）条には、

仲哀天皇が球磨《くま》噌唹《そお》の征討にやって来た際、怡土県主《あがたぬし》の祖五十跡手《いとで》が五百枝《いおえの》賢木《さかき》の上枝に八尺瓊《やさかに》、中枝に白銅鏡《ますみのかがみ》、下枝に十握剣《とつかのつるぎ》をとり掛けて迎え、「高《こ》麗国《まのこく》の意呂《おろ》山に、天《あめ》より降《くだ》り来《こ》し、日桙《ひぼこ》の苗裔《すゑ》、五十跡手、是《これ》なり」と名のりをあげた。

とあるのも参考になる。おそらく、天之日矛や五十跡手の物語に象徴される祭儀は、朝鮮半島からの渡来系集団がもたらしたものであろう。

要するに、すべて右は渡来系集団が太陽女神信仰をもたらしたという所伝であり、応神・仁徳天皇による天照大神崇敬の記事はない。わずかに、神功《じんぐう》皇后即位前紀に、夫の仲哀天皇が亡くなったのちに、皇后が神主となって占った際、天照大神を思わせる伊勢国度会県《わたらいのあがた》の五十《い》鈴宮《すずのみや》の神が依り付いたとあるぐらいである。

ツヌガアラシトやアメノヒボコ物語には、太陽女神に対する信仰が読み取れるが、応神天皇はツヌガアラシトが上陸した角鹿《つぬが》に鎮座する笥飯《けひ》大神（伊奢沙和気大神《いざさわけのおおかみ》）と名を取り換えたと伝えられ、仲哀天皇紀二年三月条から同七月条は神功皇后（気長《おきなが》足姫尊《たらしひめのみこと》）が、角鹿の笥飯宮《けひのみや》から船で熊襲《くまそ》征討に赴いたと記し、応神天皇記は神功皇后の母葛城《かつらぎ》高額《たかぬか》比売命《ひめのみこと》が天之日矛の五世の裔《すえ》であることを示す長大な系譜記事を載せている。

右の所伝は、天皇家の太陽神崇敬にかかわり、応神・仁徳天皇系王統の御祖母《みおや》的位置にある神功皇后の尊貴性を示すためには不可欠のことであった。

加えて、宗教的側面では神功皇后と応神・仁徳天皇こそが、ツヌガアラシト・アメノヒボコがもたらした太陽女神の信仰と祭儀を継承する存在であるという、歴史観を暗示している。反面、それは応神・仁徳天皇の時に天照大神崇敬の記事がないことの理由でもあり、この傾向は五世紀中頃の安康《あんこう》天皇の時まで続く。

第五章

『古事記』に見える、畿内《きない》と九州の交流

『古事記』編纂《へんさん》の意図《いと》

天皇家は、応神・仁徳天皇の頃に太陽神を崇敬していたけれども、それが皇祖神にまで昇華していたかは明瞭でない。そこで、次に『記』から五世紀代の太陽神信仰の実態を探ってみよう。

太安万侶《おおのやすまろ》は『記』を撰述するにあたり、次のような工夫、配慮を行なったと、その序文（原漢文）に記している。

上古《いにしえ》には言葉も意味も純朴で飾《かざ》り気《け》がなく、文字で著わすのに困難なことがある。すべて訓《くん》を用いて表現すれば、言いたいことと合わない場合がある。すべて音《おん》を用いて記述すれば、ことさら長くなってしまう。そこで、ある場合は一句の中に音・訓を交《まじ》えて用い、他では一事《ひとこと》の内をすべて訓だけで記すこともある。意味の理解し難いものには注を施《ほどこ》すが、それが明解な場合は施さない。また、「姓《うぢ》に於《お》きて日下を玖沙訶《くさか》と謂《い》ひ、名に於きて帯の字を多羅斯《たらし》と謂ふ」類は、原史料のままにして改めない。

太安万侶が列記した「日下《くさか》」・「帯《たらし》」について、従来は、帝紀・旧辞にあった表記で太安万侶が読みやすい表現に改めなかったものの例示ぐらいにしか解されなかった。「日下」・「帯」は、音、訓のいずれにてもクサカ・タラシとは読み難いが、なぜ太安万侶はこうした難解な表記をそのまま採用したのであろうか。

意味の通じることや読みやすさを重視するならば、音であれ訓であれ、どうして新しい表記に改めなかったのか不思議である。ちなみに、『紀』はクサカを草香、タラシは足と表記する。

『記』の編纂は、天武天皇と舎人《とねり》の稗田阿礼《ひえだのあれ》で始められたが中断し、元明天皇の命《めい》を受けた太安万侶が和銅五（七一二）年に完成したことは周知のことである。

『紀』には、天武天皇十（六八一）年二月に「律令を定め、法式《のり》を改めむ」とあって浄御原令の編纂を、同じく三月には川嶋皇子以下十二名に「帝紀《ていき》及び上古諸事《じょうこしょじ》」、すなわち歴史書の記定を命じたとある。さらに、その翌年三月に境部連石積《さかいべのむらじいわつみ》らに「新字《にいな》一部四十四巻」を造らせていることも留意される。

法律と歴史書の編纂が並行して行なわれており、同じことは養老四（七二〇）年の『紀』の完成と養老律令の編纂開始（七一八年）の間にも認められる。これは、太安万侶が『記』序文で歴史が「邦家《ほうか》の経緯《けいい》、王化《おうけ》の鴻基《こうき》（国家組織の骨格、天皇政治の基礎）」であると述べているように、歴史が法と並ぶ国家社会の基準であるという、当時の歴史観を示すものである。

「新字一部四十四巻」の編纂は、法律と歴史書の編纂事業を開始したものの、特に歴史書編纂において、原史料の帝紀と旧辞（上古諸事）には読解が困難な古い表現が多く残存していたうえに、複数の原史料間では同一のことを記すのにも表記が異なっていたことなどから、用字・表記の統一が図られたことを物語るものとして注目される。

『記』・『紀』編纂が開始された頃、帝紀・旧辞はこうした状況にあった。そのことは、欽明天皇紀二（五四一）年三月条の皇子・皇女記事に付された分註からも知ることができる。

帝王本紀に、多《さは》に古き字《みな》ども有りて、撰集《えらびさだ》むる人、屢遷《しばしばうつ》り易《か》はることを経《へ》たり。後人《のちのひと》習ひ読む時、意《こころ》を以て刊《けづ》り改《あらた》む。伝へ写すこと既《すで》に多にして、遂《つひ》に舛雑《たがひまよふこと》を致《いた》す。前後次《さきのちのついで》を失ひて、兄弟参差《かたたがひ》なり。今則《すなは》ち古今を考へ覈《あなぐ》りて、其の真正《まこと》に帰《かへ》す。一往識《ひとたびし》り難《がた》きをば、且《しばら》く一《ひと》つに依《よ》りて撰《えら》びて、其の異《け》なることを註《しる》し詳《しる》す。他も皆此《これ》に效《なずら》へ。

帝王本紀は、帝紀や帝皇日嗣と同類の天皇・皇族らの系譜的記録であろうが、古い表記が多く、意図的に刊《けず》り改められて所伝が複数存在し正説を決め難い場合は、異伝を註で記したという。

ただ、右の記事の大部分は、中国の古典に依拠した構文であり（58）、独自な記述はほとんどない。しかし、『紀』編者は、帝王本紀の実態に適《かな》った記事であったために転用したのであろう。帝紀・旧辞ともに、内容や表記・表現の若干異なるものが、それも複数併存していたのである。

おそらく、「日下」・「帯」は、稗田阿礼の誦習《しょうしゅう》した天武朝の帝紀・旧辞に存在した古い表記であっただけでなく、太安万侶に改めてはならないと強く思わせた、特別に謂《いわ》れのある表記であったと思われる。

要するに、『記』序文の当該《とうがい》箇所は、帝紀・旧辞以来の古く難解な表記で改めなかったものを単に例示したのではなく、そのまま記さなければならないという太安万侶の考えを表明したものであった。

本章では、日下の表記から古代の太陽神信仰について考察するが、帯については『隋書』倭国伝との関係から第六章で述べる。

神武東遷《じんむとうせん》と日下《くさか》の地

『記』本文で最初に見える日下は、神話的色彩が濃厚である初代天皇神武の東遷伝承に、地名として現われる。

神武東遷伝承については多くの先行研究があり、後世の何らかの画期的な出来事、特に応神天皇五世孫という継体天皇の即位（五〇七年）や壬申の乱（六七二年）などの投影とするものから、まったくの虚構、創作とするものまで、その解釈も多様であって(123)、今はその一々《いちいち》に触れることはできないが、日下にかかわって、すこし述べておこう。

まず注目されるのは、神武東遷の出発地が日向《ひゅうが》（現・宮崎県）であることである。所伝の性格から、この日向を九州南部の地域名ではなく、太陽のよく照射する東向きの土地を指す普通名詞と解する向きがあるかもしれないが、東遷で経由する地名から見ても、九州南部の日向が想定されていることはまちがいない。

景行天皇紀十七年三月条の、この地を巡狩《じゅんしゅ》した天皇が東を望み見て「是《こ》の国は直《なほ》く日の出《い》づる方《かた》に向けり」と言って、その国を日向と名づけたという所伝は、とうてい史実とは見られないが、日向が日に向かう耀光《ようこう》に満ち溢《あふ》れた土地で、太陽神の庇護を受ける子孫の発祥地に相応《ふさわ》しい、太陽神信仰の聖地として位置づけられ、選ばれていることはまちがいない。出発地が実在する九州南部の日向に設定されていることには、天孫降臨神話との関連など、それ相当の理由があったものと思われる。

さて、東遷の一団は、日向から大阪湾まではほとんど障碍《しょうがい》なく進み、河内湖東岸に到着した。現在の大阪平野の上町《うえまち》丘陵より東側一帯は、古墳時代前半頃までは満潮時に海水が浸入する汽水湖《きすいこ》である河内湖が広がっていた。古墳時代中頃には、淀川や大和《やまと》川の堆積物で陸化が進んで河内湖は西半部に縮小し、東半部には池沼《ちしょう》や湿原が広がっていた(31)。

神武の一行が、生駒《いこま》山西麓の日下（河内国河内郡日下郷／現・大阪府東大阪市日下町）

の蓼津《たてつ》（津は港の意味）に上陸し、山越えで大和に入ろうとした際に、大きな障壁が立ちはだかった。

故《かれ》、其の国より上《のぼ》り行《い》でまし時、浪速《なみはや》の渡《わたり》を経て、青雲《あをくも》の白肩津《しらかたのつ》に泊《は》てたまひき。此《こ》の時、登美能那賀須泥毘古《とみのながすねひこ》〈訓注略〉、軍《いくさ》を興《おこ》して待ち向《むか》へて戦ひき。爾《ここ》に御船《みふね》に入れたる楯《たて》を取りて下《お》り立ちたまひき。故、其地《そこ》を号《なづ》けて楯津《たてつ》と謂《い》ひき。今者《いま》に日下《くさか》の蓼津と云《い》ふ。是《ここ》に登美毘古と戦ひたまひし時、五瀬命《いつせのみこと》、御手《みて》に登美毘古が痛矢串《いたやぐし》を負《お》ひたまひき。故爾《ここ》に詔《の》りたまひしく、「吾《あ》は日神《ひのかみ》の御子《みこ》と為《し》て、日に向ひて戦ふこと良からず。故、賤《いや》しき奴《やつこ》が痛手《いたで》を負ひぬ。今者より行き廻《めぐ》りて、背《そびら》に日を負ひて撃《う》たむ」と期《ちぎ》りたまひて、南の方より廻り幸《い》でまし時、血沼海《ちぬのうみ》に到《いた》りて、其の御手の血を洗ひたまひき。故、血沼海とは謂ふなり。……

トミノナガスネヒコの矢を受けた神武の兄の五瀬命は、これが元で命を落とすわけで、物語の大筋は『紀』も等しい。

これは、太陽神の子孫（日神の御子）が日下の地で、日つまり東方に向かって戦うのは正しい方法ではなく、背後から日の霊力を受けて東から西に向けて戦わなければ勝利を収められない、という太陽神信仰にもとづく物語である。

これほど、太陽神の末裔であることやその神の加護が方位とかかわって明快に語られている所伝は、『記』・『紀』でも珍しい。同時に、河内日下がある時期、太陽神信仰やその祭儀にかかわる重要な場所と観念されていたことを示している。

なお、神武の一行が、ここ河内湖東岸の日下から生駒山を越え、東に向けて大和に入ることができず、熊野へ迂回《うかい》し、日を背にすることでようやくそれを実現できたというのは、彼が太陽神の子孫として正統性が問われていると見ることもできる。

神武天皇は太陽神を奉祀《ほうし》する新参者として描かれているが、そこに幾許《いくばく》かの歴史上の出来事の投影を読み取ることができるか否か微妙であるが、神武東遷の舞台に設定されていることに意味がある。

日下と草香《くさか》

日下が太陽神信仰にかかわる、漢字の表意性を重視した用字（表記）であることはまちがいない。

地名の日下については、右のほかに、垂仁天皇記に印色入日子命《いにしきいりひこのみこと》が血沼《ちぬ》池（和泉《いずみ》国日根《ひね》郡／現・大阪府泉佐野《いずみさの》市）・狭山《さやま》池（河内国丹比《たじひ》郡狭山郷／現・同府大阪狭山《おおさかさやま》市）と「日下之高津《たかつ》池」を築造したと見える。

ところで、『紀』は、神武天皇の上陸地点を「河内国草香邑青雲白肩之津《くさかのむらあおくものしらかたのつ》」とほぼ『記』と同様に記しながら、クサカのみは「草香」と表記している。

『紀』では、クサカを草香と表記するのが原則であった。唯一の例外は、顕宗天皇即位前紀に見える日下部連使主《くさかべのむらじおみ》のみであるが、これは『紀』筆録者が原史料からの表記変換を漏らした結果である。これは、逆に草香が原史料では日下と記されていたことを示している。

和銅六（七一三）年五月に撰述が命じられ、数年後には提出されたと見られる『播《はり》磨《ま》国風土記』美嚢《みなぎ》郡志深《しじみ》里（現・兵庫県三木《みき》市）条に、右の日下部連使主が𣇃部連《くさかべのむらじ》意美《おみ》と見え、同じく揖保《いぼ》郡にも𣇃部里（現・同県たつの市）の地名があり、「人の姓に因りて名と為す」とあるのも参考となる。

右より成立が遅れる『豊後国風土記』日田《ひた》郡靫編《ゆぎあみ》郷（現・大分県日田《ひた》市の東南部）条には、欽明天皇の世（五四〇～五七一年）に、日下部君の祖、邑阿自《おおあじ》が靫部《ゆぎべ》（弓矢を持した武人）として供奉《ぐぶ》したとあり、天平九（七三七）年の「豊後国正税帳《しょうぜいちょう》」（『寧楽遺文《ならいぶん》』上巻）の日田《ひた》郡と見られる箇所にも、大領《たいりょう》（郡の長官）日下部連吉嶋《えしま》、小領（郡の次官）日下部君大国《おおくに》、主帳《しゅちょう》（郡の四等官）日下部君らの名が見え、彼らは郡司に任じられる日田郡の有力氏族であった。

同じく『肥前国風土記』松浦《まつら》郡鏡渡《かがみのわたり》（現・佐賀県唐津《からつ》市松浦《まつうら》川河口）条には、宣化天皇の世（五三六～五三九年）に、大伴《おおともの》狭《さ》手《で》彦連《ひこのむらじ》が朝鮮半島南部の任那《みまな》・百済《くだら》に派遣される途中に妻とした弟日姫子《おとひひめこ》は、日下部君らの祖であると記されている。

これは、『万葉集』巻五の山上憶良《やまのうえのおくら》の歌（八六八～八七〇番）に見える松浦佐用比《まつらさよひ》売《め》伝説として知られる所伝でもあるが、宣化天皇紀二年十月条にも、大伴金村《かなむらの》大連《おおむらじ》の子の狭手彦を任那・百済に派遣したと見える。

同じく、松浦郡賀周《かす》里（現・佐賀県唐津市）条にも、景行天皇が巡狩した際、従者の大屋田子《おおやたこ》を遣《つか》わして土蜘蛛《つちぐも》を誅滅《ちゅうめつ》したが、大屋田子は日下部君らの祖であると見える。大屋田子が景行朝の人物か定かでないが、弟日姫子や邑阿自が六世紀中頃の宣化・欽明朝の人物と伝えられることは、名代日下部の設置時期とも矛盾しない。

この𠮷はいわゆる国字《こくじ》（中国伝来ではなく日本で作られた漢字）で、二字以上の文字列を一字に書く合字《ごうじ》であるが（59）、藤原宮跡出土木簡（94）や大宝二（七〇二）年の「御野国《みののくに》味蜂間《あはちま》郡 春部《かすがべ》里戸籍」（『大日本古文書』）にも見えるから、比較的早くから用いられていたことがわかる。草香のように別の文字を採用する方法もあっただろうが、あえて𠮷という国字を使用していることに、日下の表記への強いこだわりが読み取れる。

古代史料に見えるクサカべは、『紀』以外すべてが日下部（𠮷部）の表記であり（9）、奈良県高市郡明日香村石神《いしがみ》遺跡から「日下五十戸人《さと》」（尾張国愛知《あゆち》郡𠮷部郷／現・愛知県名古屋市中区）と記された天武天皇十（六八一）～十二年以前の木簡が出土していること（146）などから、日下が早くに定着した表記であったことが知られる。

このことは、反面で草香が特別なものであることを意味し、『紀』がこの表記を採用した理由も問題である。これはまた、『紀』が「日の御子」の歌謡に対して拒否的であるのと通じるものがあるが、それはのちに述べよう。なお、風が草の強い薫《かおり》を運んでくるのは、太陽の活動が活発で生物の生命力が満ち足りてもっとも活動的な初夏であることを思えば、草香の表記も意味なく撰ばれたものではないと考えられる。

ちなみに、『万葉集』も『紀』と同じく、クサカは草香と表記されている。まず巻四に、大宰帥《だざいのそち》（長官）大伴旅人《たびと》が大納言《だいなごん》に任じられ、上京したのちに沙彌満誓《しゃみまんせい》（笠《かさの》朝臣麿《あそんまろ》）から歌を贈られたのに応《こた》えた旅人作の、

草香江《くさかえ》の（草香江之）入江《いりえ》に求食《あさ》る蘆鶴《あしたづ》のあなたづたづし友《とも》なしにして（五七五）

がある。天平二（七三〇）年からほどない頃の作歌と見られる。

巻六では、神社忌寸老麿《かみこそのいみきおゆまろ》の二首はどちらも難波を詠んだものであるが、その詞書に「五年 癸酉《みづのととり》、草香《くさか》山を超《こ》ゆる時」とある。五年癸酉は天平五年であるが、歌にはクサカの地名は詠みこまれていない。

巻八の長歌、「草香山詞《うた》一首」（一四二八）は作者未詳であるが、

おし照る 難波を過ぎて うちなびく 草香の山を（草香乃山乎） 夕暮に

……

とある。

右の歌謡は、和銅三（七一〇）年の平城京遷都から天平五年頃の作と見られている。もちろん、『紀』成立の養老四（七二〇）年はその間に位置するから、クサカに草香の文字をあてることがもっとも強く意識された時代と言える。

『紀』以外に、『万葉集』がこの表記を採用していることは、それが政府の方針として中央の官人《かんじん》層に浸透していたため、『万葉集』も草香の表記を採用したのであろう。にもかかわらず、日下の表記に根強い伝統があったため、草香の表記は地方に普及せず、木簡などではあいかわらず日下と表記されたのである。

日下の表記の起源

太安万侶が日下に強くこだわった背景には、この表記が持つ歴史的意味にあったと考えられる。クサカを日下と表記した理由は伝わっていないが、

「長谷の泊瀬《はつせ》・春日の滓鹿《かすか》・飛鳥《とぶとり》の明日香」などと同様な「日下《ひのした》の草香」の如き枕詞的修辞句があって、それが地名の訓を獲得してしまったのではないか。当地

からすれば山麓から太陽が出るのを仰《あお》ぎ、大和からは太陽の下るところにあたるから、このような枕詞的修辞法を生み出したのではないか。クサカの地名の意味は、松岡静雄《まつおかしずお》氏の「草處」説（筆者註・松岡静雄『新編日本古語辞典』二〇三ページ、刀江書院、一九三七年）がもっとも素直に受容せられる。

との説がある（98）。

他方、物部《もののべ》氏系の古伝承《こでんしょう》を核にして、平安時代初期に撰述されたと見られる『先《せん》代旧事本紀《だいくじほんぎ》』「天孫本紀《てんそんほんぎ》」に、「物部氏の祖神の饒速日尊《にぎはやひのみこと》が天磐船《あめのいわふね》に乗って河内国の河上哮峯《かわかみのいかるかのだけ》（河内国交野《かたの》郡／現・大阪府交野《かたの》市の磐船《いわふね》神社あたり）に降臨したとあり、その太陽神が天降《あまくだ》りした山の麓《ふもと》であるから日下の字があてられるようになったのではないか」として、物部氏との関連を重視する説もある（8）。

生駒山西麓の河内国若江《わかえ》郡・渋川《しぶかわ》郡は物部氏の本拠地であったから、物部氏との関連については留意されるが、日下と磐船神社の間は十数キロメートルと、すこし距離がある。

さらに、

日下の日は草の箇体字で、草冠《かんむり》と十の部分を省略した箇体字である。木簡では「部」を「マ」、『行基年譜』では菩薩《ぼさつ》の箇体字「艹」が知られている。……『古事記』で箇体字が使用されたのは稗田阿礼の口述によって成ったという経緯、「速記」を要したという事情による。

との説もある(2)。

ただし、『記』は稗田阿礼の口述を速記したものではなく、また画数の多い文字も箇体字を用いずに記されている。

そもそも、延暦二十三(八〇四)~二十四年頃の菅原寺《すがわらでら》系史料・皇代記《こうだいき》・年代記などにもとづいて、安元《あんげん》元(一一七五)年頃に撰述された、僧行基《ぎょうき》の行蹟《ぎょうせき》をまとめた『行基年譜』(『続々《ぞくぞく》群書類従』三)は、地名クサカについて、「河内国河内郡早村(筆者註・河内郡日下村)」、「和泉国大鳥《おおとり》郡早部郷早部里(同・大鳥郡日下部郷日下部里)」と記し、日下は用いていない。

日下を早と略記する例はなく、早の1文字でクサカの音を表現することもできないことから、早は草の草冠を省画《しょうかく》したものでもない。もしそうならば、早香村とか早香部郷と表記しなければ、その地名を表現したことにならない。

おそらく、『行基年譜』の早は、国字皁を原史料から転載する際に早と誤解、誤写した結果であろう。もしくは、『行基年譜』編者の用いた原史料において、すでにそれが存在したのかもしれない。右説では、河内クサカと太陽神信仰との関係も否定しているが、神武東遷伝承や日下宮王家《くさかのみや》などとの関係からも、それは否定できない。

なお、クサカのカは処《ところ》（場所）を意味する接尾語、クサは外部から寄り付く強力な呪力《じゅりょく》のことで、死と再生を繰り返す太陽に生成と衰亡の二面性を持つクサのイメージが重ねられて日下と表記された、とする説（25）もあるが、なぜそうした用字が採用されたのか説明はない。

このように、関連史料が僅少なこともあって、クサカを日下と表記した理由は明瞭でない。そこで、原点に戻り、漢語の日下について見てみよう。

事例を多く引用する『大漢和辞典』（修訂第二版）は、紀元前二世紀頃に編纂が始まった中国最古の辞書『爾雅《じが》』などを引用して、漢語の日下には、①日が照らす下。天下《てんか》②京師《けいし》③遠い処《ところ》。日の下④東方の荒遠《こうえん》の国⑤日が下る、などの意味があったとする。

対句を用いた華《はな》やかで格調高い漢文でもって、『記』序文を書いた太安万侶が、日下の漢語の意味を知らなかったとは考えられない。

漢語の意味を踏まえた、

「日東」「日出」「日下」などの言葉が東方の地を意味するという「日」の方位思想と太陽信仰は、中国から朝鮮半島、倭国に伝来された。……倭国は「日本」二字を取って新羅より「日出処《ひいずるところ》」により近いことを強調したが、……そこに渡来人の関与があったことは十分に考えられる。

とする説(32)に惹かれる。

最初にクサカに日下の表記をあてた人物は案外、漢語の日下の意味を踏まえて用いたのではないか。おそらく、太安万侶は右の知見に加えて、以下に述べる河内日下の歴史上の重要性を強く意識していたものと考えられる。倭に代えて国号に「日本《やまと》」を採用した『紀』では、意味が同じ日下の表記を採ることができなかったのである。

日下兄妹の悲劇

「姓に於きて日下」、すなわち人名《じんめい》としているが、日下を名とする人物は、仁徳天皇の子の大日下王《おおくさかのみこ》・若日下王《わかくさかのみこ》の兄妹のみであり、太安万侶がいう人物はふたりを措《お》いてほかにない。なお、これは波多毘能大郎子《はたびのおおいらつこ》・波多毘能若郎女《はたびのわかいらつめ》（長日比売命《ながひひめのみこと》）の亦《また》の名であるという。

兄妹の母は、日向諸県君牛諸《ひむかのもろがたのきみうしもろ》（諸県君牛諸井《うしもろい》・諸県君牛《うし》とも）の娘の髪長比売《かみながひめ》（髪長媛）とあり、母系では日向系の王族である。仁徳天皇と髪長比売が結ばれる事情については後述するが、兄妹の生涯は悲劇に終わったと伝えられる。

髪長比売の出た諸県君氏の本拠地である日向諸県地域は、律令制下には、今の宮崎県宮崎市（旧・倉岡村《くらおか》）・東諸県郡《ひがしもろかた》・西諸県郡・小林市《こばやし》・えびの市・北諸県郡・都《みやこの》城《じょう》市、さらに鹿児島県曾於《そお》郡志布志《しぶし》町・松山《まつやま》町・有明《ありあけ》町・大隅《おおすみ》町・財部《たからべ》町・末吉《すえよし》町と、熊襲《くまそ》の襲=噌唹《そお》、いわゆる大隅隼人《おおすみはやと》の拠地《きょち》をも包含《ほうがん》する広大な地域におよんでいた（『宮崎県の地名』）。これが明治十二（一八七九）年に東・西・南・北諸県郡に四分割されたのも、領域の広大さから見て頷《うなず》けよう。

さて、『記』・『紀』によれば、五世紀の王位は仁徳天皇のあと、その子の履中《りちゅう》・反《はん》正《ぜい》・允恭天皇と継承される。続いて、允恭天皇の子の安康・雄略天皇の兄弟が即位するが、事《こと》はその時に起こったという。『記』・『紀』の間では、所伝内容に若干の違いがあるが、『記』の所伝概要から事件の展開を追ってみよう。

安康天皇は弟の大長谷王子《おおはつせのみこ》（のちの雄略天皇）の妃《きさき》に若日下王を迎えようとして、坂本臣《さかもとのおみ》らの祖である根臣《ねのおみ》を大日下王のもとに派遣した。大日下王は求婚受《じゅ》諾《だく》の礼物《れいもつ》として押木《おしき》の玉縵《たまかずら》を安康天皇に奉献したが、その見事さに目がくらんだ根臣は大日下王が求婚を拒否したと、虚偽《きょぎ》の報告をした。それを信じた安康天皇は怒って大日下王を殺害し、彼の妻である長田大郎女《ながたのおおいらつめ》を奪って皇后とした。

その後、安康天皇が神牀《かみどこ》で昼寝をしていた際、大后《おおきさき》の長田大郎女に「大日下王の遺児の目弱王《まよわのみこ》（眉輪王《まよわのみこ》）が成人して、父殺害の真相を知ったなら、逆心を懐《いだ》くのではないか」と、つい本音を漏らした。御殿の下でそれを漏れ聞いた目弱王は、寝ていた安康天皇を殺害し、葛城都夫良意富美《かつらぎのつぶらのおおみ》の家に逃げ込んだ。

事を知った大長谷王は、目弱王の行為を放置した自分のふたりの兄を殺害し、さらに葛城都夫良意富美の家を取り囲んだ。都夫良意富美は罪の贖《あがな》いとして、娘の訶良比売《からひめ》に五処《いつところ》の屯宅《みやけ》を副《そ》えて献上したが許されず、ふたりは自害してはてた。

これは、いわゆる葛城氏滅亡に連なる事件であり、その歴史的意味については別に述べたので割愛する（110）。

結果、雄略天皇は大日下王の妹の若日下王と、葛城都夫良意富美（円大臣）の娘の訶良比売（韓姫《からひめ》）を自分のキサキとした。なお、若日下王は子がなく、訶良比売は白髪命《しらかのみこと》（清寧天皇）と若帯日売命《わかたらしひめのみこと》をもうけたという。雄略天皇は日下と葛城のふたりの女性をキサキにしたことで天皇に即《つ》くことができたとも言える。

雄略天皇紀十四年四月条には、その後日談が記されていて、根使主《ねのおみ》（根臣）は悪行が発覚して殺された。その子孫の半《なか》ばは大草香部《おおくさかべ》として皇后草香幡梭皇女《くさかのはたびのひめみこ》（若日下王）に、残りを和泉の豪族である茅渟県主《ちぬのあがたぬし》に与えて負嚢者《ふくろかつぎびと》とし、大草香皇子（大日下王）に殉《じゅん》じた難波吉士日香香《なにわのきしひかか》の子孫は大草香部吉士《おおくさかべのきし》としたとある。

これにしたがえば、大草香皇子の名代大草香部（大日下部）は、皇子の死後に、その所縁の集団内に設置されたことになる。

織姫《おりひめ》の不思議な伝承

さて、葛城訶良比売がもうけた若帯日売命について、『紀』は稚足姫《わかたらしひめ》皇女、またの名を栲幡姫《たくはたひめ》皇女と記している。雄略天皇紀元年三月是月条には、稚足姫皇女について「是の皇女、伊勢大神《いせのおほみかみ》の祠《やしろ》に侍《はべ》り」とあり、伊勢神宮に奉仕する斎宮（斎王）として派遣されたと伝える。ここに見える伊勢大神が伊勢神宮で奉斎される天照大神であることは、第七章で述べる。

栲《たく》とは、クワ科の低木の楮《こうぞ》のことで、樹皮から取れる繊維《せんい》は織物《おりもの》や綱《つな》、紙などの原料として重用《ちょうよう》される。栲幡姫とは、これを原料にして布を織る織姫のことで、先にもすこし触れた雄略天皇紀三年四月条は、この栲幡姫皇女を主人公とする不可解な出来事を伝える。

阿閉臣国見《あへのおみくにみ》が、栲幡姫皇女の養育を担《にな》っていた廬城部連武彦《いおきべのむらじたけひこ》が彼女を孕《はら》ませたと虚偽の報告をした。そのことを伝え聞いた武彦の父、廬城部連枳莒喩《きこゆ》は罪が自分におよぶのを恐れて、廬城河で武彦を殺害した。それを聞いた天皇は使者を派遣して栲幡姫皇女に詰問したが、事を否定した皇女は神鏡《あやしきかがみ》を五十《い》鈴河《すずがわ》の畔《ほとり》に埋めて自経《じけい》した。天皇は姿の見えなくなった皇女を求め、闇夜に探し回り、河畔に蛇《へび》のような虹のあがった場所を掘った。すると、神鏡と皇女の屍《しかばね》が出てきたので、腹を割《さ》いたところ水の中に石があって、武彦の疑いが雪《そそ》がれた。阿閉臣国見は、石上神宮《いそのかみ》に逃げ隠れた。

何とも不思議な内容であるだけでなく、王家の太陽神祭祀・伊勢神宮の創祀を考えるうえでも、示唆深い所伝である。

太陽神の象徴である神鏡を持つ女性の体内から石が出現するなど、先述したツヌガアラシトやアメノヒボコの神婚物語が彷彿《ほうふつ》されるとともに、伊勢斎宮についての葛藤《かっとう》を示唆している。

天皇と日下ゆかりの女性との関係

雄略天皇による若日下王の妻問《つまど》いは後述するが、『紀』は、履中天皇の皇后の草香幡梭皇女と、雄略天皇の皇后の草香幡梭皇女（若日下王）という、同名の人物を伝えている。前者には出自記事がないことから、このふたりが同名異人か同一人物かが定かではないという問題がある。もし同一人物ならば、眉輪王の祖母と叔母が同じ女性ということになる。

さらに、同様な問題として、『記』が、大日下王の妻の長田大郎女（中蒂姫《なかしひめ》皇女、眉輪王の母）と、允恭天皇が忍坂之大中津比売命《おしさかのおおなかつひめのみこと》の間にもうけた長田大郎女（名形大娘《ながたのおおいらつめ》皇女）を記し、もしふたりが同一人物ならば、安康天皇と長田大郎女は両親が同じで姉弟相姦になり、禁忌《きんき》（タブー）に抵触するという問題が生じる。

二組の同じ名を持つ女性は、ともに同名異人か、同一人物だが系譜に混乱があるか、もしくは後世の作為が加わっているのか、一連の物語の信憑性とともに、議論のあるところだが（17、19、64、153など）、関連史料がほとんどないなかで判断を下すのは容易でない。

ただ、サホヒコ・サホヒメやキナシノカル・カルノオオイラツメなど、『記』・『紀』における近親相姦は、必ず変事とかかわって語られることから、それのない右の同名の二組は、どちらも別の人物であると見られ、次のような系譜関係が復原できる。
○応神天皇は、日向泉長比売《ひむかのいずみのながひめ》をキサキとして幡日之若郎女《はたびのわかいらつめ》をもうけた。
○仁徳天皇は、日向諸県君髪長媛《ひむかのもろがたのきみかみながひめ》との間に、大草香皇子（大日下王）と草香幡梭皇女（若日下王）をもうけた。
○履中天皇は、日向泉長比売の生んだ幡日之若郎女（草香幡梭皇女／大草香皇子の妹は同名別人）を皇后として、中蒂姫皇女（長田大郎女）をもうけた。
○大草香皇子は、中蒂姫皇女をキサキとして、眉輪王（目弱王）をもうけた。
○安康天皇は、大草香皇子から中蒂姫皇女を奪って皇后とし、彼の妹の草香幡梭皇女（若日下王）を雄略天皇に与え、雄略天皇は彼女を皇后に立てた。

眉輪王事件について言えば、彼は父系だけでなく、母系においても、日下にさかのぼるのである。彼が雄略天皇に滅ぼされる理由のひとつはここにあったが、今ひとつ重要なことは、彼女らの母が日向の出身ということである。

そこで、日向出身女性の入内《じゅだい》について見てみよう。

日下と日向《ひむか》国との結びつき

このように、大日下王・若日下王から目弱王に至る事件の謎を解く鍵は、河内日下にあった。同時に注目されるのが、彼ら日下の王族の女系を辿《たど》ると、すべて九州の日向出身の女性にさかのぼることである。

すなわち、河内日下が九州の日向と強く結びついた土地であり、そのことが日下の文化的、歴史的情況にも大きく影響していると見られる。『記』・『紀』において、僻《へき》遠《えん》の地と見られた日向からキサキを迎えているのは、景行・応神・仁徳の三天皇のみであり（図表3）、事実関係は別にしても、これは異例のことと言える（92）。『記』によると、景行天皇は日向の美波迦斯毘売《みはかしひめ》（御刀媛）をキサキとし、日向国《ひむかのくにの》造《みやつこ》の祖である豊国別王《とよくにわけ》をもうけたと伝えるが、それ以外にくわしい事情は語らない。

いっぽう、数多くのキサキを入れて八〇人もの御子をもうけたと記す『紀』では、天皇は日向髪長大田根《ひむかのかみながおおたね》をキサキとし、日向襲津彦《ひむかのそつひこ》皇子（長門《ながと》国阿武《あぶ》郡を本拠とする阿《あ》牟君《むのきみ》氏の始祖）をもうけたとある。

図表3　天皇と日向《ひむか》ゆかりの女性の結びつき

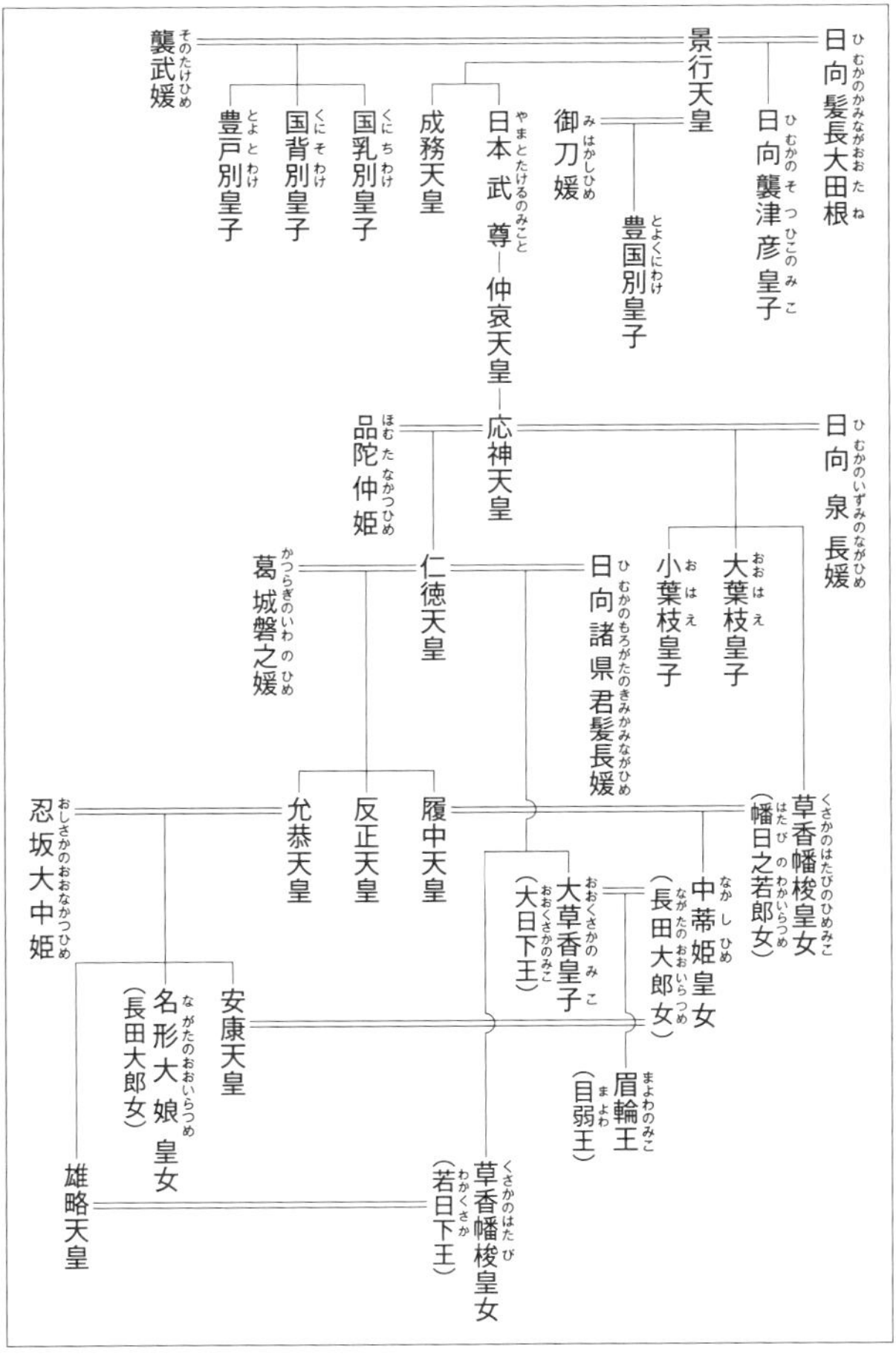

また、日本武尊《やまとたけるのみこと》が南九州の熊襲《くまそ》征討を進めるのに先立ち、景行天皇自らが巡狩・西征を行ない、日向国の高屋宮《たかやのみや》に滞在中、その国の美人御刀媛《みはかしひめ》を召してキサキとし、日向国造《くにのみやつこ》の始祖である豊国別皇子をもうけたとある。御刀媛《め》は『記』の美波迦斯毘売にあたるが、景行天皇は日向髪長大田根と御刀媛というふたりの日向の女性をキサキにしたと伝える。

さらに、景行天皇は子湯県《こゆのあがた》（日向国児湯《こゆ》郡／現・宮崎県西都《さいと》市から児湯郡都農《つの》町あたり）に行幸し、「是の国は直《ただ》に日の出《い》づる方《かた》に向けり」と言って日向と名づけたと記し、続いて夷守《ひなもり》（同国諸県《もろかた》郡夷守／現・宮崎県小林市）の石瀬河《いわせがわ》のあたりでは、諸県《もろがたの》君泉媛《きみいずみひめ》が一族を集めて天皇に大御食《おおみあえ》を献上したとあって、諸県君・諸県地域の服属を伝える。

その後、熊県《くまのあがた》（肥後《ひご》国球磨《くま》郡）・火国八代県《ひのくにやつしろのあがた》（同国八代郡）・阿蘇国《あそのくに》（同国阿蘇郡）などをめぐり、帰還したという。

これに続けて、五百野《いおの》皇女を遣わして天照大神を祭らせた、いわゆる伊勢斎宮に任じたとあり、事実関係とは別に、景行天皇の日向巡狩と伊勢斎宮の派遣が相互に関連するとの観念が読み取れるのも興味深い。

ヤマトタケルが「日の御子」と称えられていることは先に述べたが、ヤマトタケルの名は、征討にやって来た小碓命が熊曾建《くまそたける》（熊襲《くまそ》国の川上梟帥《かわかみのたける》）から献上されたものと伝えられることにも留意される。

日向地域で太陽神崇拝がさかんであったと思われる所伝が、『播磨国風土記』賀毛《かも》郡条に見える。

猪養野《ゐかひの》

右、猪飼《ゐかひ》と号《なづ》くるは、難波《なには》の高津《たかつ》の宮《みや》に御宇《あめのしたしろ》しめしし天皇のみ世《よ》、日向の肥《くま》人《ひと》、朝戸君《あさへのきみ》、天照大神の坐《いま》せる舟の於《うへ》に、猪《ゐ》を持ち参来《まゐき》て、進《たてまつ》りき。……

肥人の史料は、右のほかに『万葉集』巻十一の二四九六番歌、『令集解《りようのしゆうげ》』賦役令《ふやくりよう》辺遠国《へんおん》条「古記《こき》」の「毛人《えみし》、肥人《くまひと》、阿麻弥人《あまみひと》等類」、天平五（七三三）年の「右京計帳《うきようけいちよう》」（『寧楽遺文』上巻）に見える「阿太肥人床持売《あだのくまひとこもちめ》」、『続日本紀』文武天皇四（七〇〇）年六月条の「肥人」、鎌倉時代後期の成立と見られる『本朝書籍目録《ほんちようしよせきもくろく》』（『群書類従』雑部）の「肥人書。五巻。」などにすぎない。

肥人の訓《くん》や隼人《はやと》との関係については、諸説あって定かではない（10、90）。

奈良時代以前の日向国は非常に広大で、大宝二（七〇二）年に薩摩《さつま》地域が、和銅六（七一三）年に大隅《おおすみ》地域が分立《ぶんりつ》する以前は、両地域ともその領域であった。

そこは古来、大和王権から異族視された熊襲の領域でもあったが、この熊は勇猛なことを意味するものではなく、襲が鹿児島湾奥部《おうぶ》の大隅地域の地名囎唹《そお》（曾於）に由来することに異論がないことから、熊は人吉《ひとよし》盆地を中心とする肥後国の球磨《くま》川流域のことと解するべきである（78、91）。

すなわち、熊襲の襲がのちの大隅《おおすみ》国の囎唹《そお》郡に、熊が肥後国の球磨川流域にあてられることから類推して、肥は熊襲の熊＝球磨川流域のことで、肥人はクマヒトとよむべきだと考える。球磨地域や肥人はある時期、日向の影響下にあったと見られる。

また、日向の肥人朝戸君《あさへのきみ》が、天皇家の祖神との異同は不明ながら、太陽神の祭祀で犠牲《いけにえ》にする猪を載せてやって来たという播磨国賀毛郡猪養野は、現在の兵庫県小野《おの》市東南部あたりにあてられる。

ここが、次述する髪長媛の父日向諸県君牛が上陸したという加古《かこ》川の中流左岸であるのも偶然ではなかろう。

律令制に組み込まれた隼人《はやと》

六、七世紀頃より、熊襲の称は史料から見えなくなり、代わって隼人が見えるようになる。日向隼人・大隅隼人・阿多《あた》隼人・薩摩隼人などと居地名を冠して区別されることもあったが、熊の集団は隼人には含まれず、肥人と称された。

『続日本紀』和銅三（七一〇）年正月条には、日向隼人曾君細麻呂《そのきみほそまろ》が僻地の人々の反発を和らげるのに功績があったとして、外従五位下《げじゅごいのげ》の位《くらい》を与えられたとある。隼人の律令国家編入の功績が認められたのだろうが、大隅国の分置《ぶんち》以前は、曾君の本拠・囎唹地域が日向国に属していたことがわかる。

隼人には、早くから畿内《きない》（大和・山城《やましろ》・河内・摂津・和泉）や近江・丹波《たんば》・紀伊などに移住した畿内隼人と、新たに移住した今来《いまき》隼人があった。

律令制下には隼人司《はやとのつかさ》に属し、延長《えんちょう》五（九二七）年に完成した律令の施行細則《しこうさいそく》集『延喜隼人司式《えんぎはやとのつかさしき》』などによれば、彼らは各種の竹製品の貢進、元日・即位・行幸などで国界《くにざかい》や道路の曲《くま》を通過する際に犬の吠《ほ》えるような吠声《はいせい》を発すること、即位に際して催された宗教的儀礼である践祚大嘗祭《せんそだいじょうさい》で隼人舞を奏上すること、などに従事する規定であった。広く知られる『記』・『紀』の海幸彦《うみさちびこ》・山幸彦《やまさちびこ》神話はその起源物語である。

なお、景行天皇紀四年二月条には、キサキの襲武媛《そのたけひめ》が国乳別《くにちわけ》皇子・国背別《くにそわけ》皇子・豊《とよ》戸別《とわけ》皇子らを産み、国乳別皇子は筑後《ちくご》国三潴《みずま》郡（現・福岡県三潴《みずま》郡）の水沼別《みぬまのわけ》、豊戸別皇子は火国別《ひのくにのわけ》の始祖であると伝える。

襲武媛の襲は熊襲の襲であり、さきの日向髪長大田根の産んだ日向襲津彦皇子の襲と同様、大隅国の地名の噌唹でもあり、景行天皇と日向・噌唹との結びつきが幾重《いくえ》にも伝えられている。

賀古《かこ》と鹿子《かこ》と水夫《かこ》

景行天皇・ヤマトタケルの日向巡狩・熊襲征討伝承は、王権と日向および熊襲の関係起源の物語であった。

『記』は、応神天皇が日向泉長比売《ひむかのいずみのながひめ》（『紀』は日向泉長媛）をキサキとして、大羽《おおは》江《え》王（大葉枝皇子）・小羽江《おはえ》王（小葉枝皇子）・幡日之若郎女《はたびのわかいらつめ》をもうけたと伝える。『紀』に見えない幡日之若郎女は、『紀』が履中天皇の皇后と記す草香幡梭皇女にあてるのが妥当であることは右述した。日向泉長比売を「泉の女神」の意味に解する向きもあるが、薩摩国出水《いずみ》郡に所縁の女性と見るのがよい。そうだとすれば、それは薩摩地域が日向国から分立する以前に成立した人名である可能性が高い。

応神天皇は、さらに日向の女性を求めたという。『記』では、

> 応神天皇は日向国諸県君の娘の髪長比売（髪長媛）がたいそう美人だと聞いて召し上げたところ、太子の大雀命（のちの仁徳天皇）が難波津《なにわつ》で彼女を見てその端整さに心を動かされ、建内宿禰大臣に依頼して自分のキサキにしたいと願い出た。天皇は酒宴の日に髪長比売に御酒《みき》を盛った柏《かしわ》を持たせて、大雀命に与えることで許諾の意を表わした。

と伝える。

日向髪長比売は応神天皇が召し上げたものの、子の大雀命が求めたことに応じて与

えた女性という。彼女が、大雀命との間に大日下王と若日下王をもうけることは先述した。

『紀』も、応神天皇の十一年から十三年条にかけて、同様な物語を載せるが、髪長媛の父を日向の諸県君牛諸井《もろがたのきみうしもろい》、髪長媛の安置場所を桑津邑《くわつのむら》とする点が異なる。桑津邑は摂津国住吉《すみのえ》郡桑津村（現・大阪市東住吉区桑津《くわつ》）にあてられるが、ここは上町《うえまち》台地の東側に位置し、大和川の分流である平野《ひらの》川が河内湖に注ぐ、日下と同様な要津《ようしん》（要港）であった。

さらに興味深いのは、次の異伝である。

日向の諸県君牛、朝庭《みかど》に仕《つか》へて、年既《すで》に耆耇《お》いて仕ふること能《あた》はず。仍《よ》りて致仕《まかりさ》りて本土《もとつくに》に退《まか》る。則《すなは》ち己《おの》が女《むすめ》髪長媛を貢上《たてまつ》る。始めて播磨《はりま》に至る。時に天皇、淡路嶋《あはぢしま》に幸《いでま》して、遊猟《かり》したまふ。是《ここ》に、天皇、西を望《みそなは》すに、数十《とをあまり》の麋鹿《おほしか》、海に浮きて来《きた》れり。便《すなは》ち播磨の鹿子水門《かこのみなと》に入りぬ。天皇、左右《もとこひと》に謂《かた》りて曰《のたま》はく、「其《かれ》、何《いか》なる麋鹿ぞ。巨海《おほうみ》に泛《うか》びて多《さは》に来《きた》る」とのたまふ。爰《ここ》に左右共《とも》に視《み》て奇《あやし》びて、則《すなは》ち使《つかひ》を遣《つかは》して察《み》しむ。使者《つかひ》至りて見るに、皆人《みな》なり。唯角著《ただつのつ》ける鹿《か》

　の皮を以て、衣服《きもの》とせらくのみ。問ひて曰《い》はく、「誰人《たれ》ぞ」といふ。対《こた》へて曰《まう》さく、「諸県君牛、是年《これとし》耆《お》いて、致仕ると雖《いへど》も、朝《みかど》を忘るること得《え》ず。故《ゆゑ》に、己《おの》が女《むすめ》髪長媛を以て貢上《たてまつ》る」とまうす。天皇、悦《よろこ》びて、即《すなは》ち喚《め》して御船に従《つか》へまつらしむ。是《ここ》を以て、時人《ときのひと》、其《か》の岸に著《つ》きし処《ところ》を号《なづ》けて、鹿子水門を曰ふ。

　凡《おほよ》そ水手《かこ》を鹿子《かこ》と曰ふこと、蓋《けだ》し始めて是《こ》の時に起《おこ》れりといふ。

応神天皇が淡路島で狩猟をした時、数十の麋鹿が海を泳いで渡り、播磨国賀古《かこ》郡の鹿子水門（現・兵庫県加古川《かこがわ》市・高砂《たかさご》市あたり）に入った。不思議に思った天皇が、使者を遣わしてよく見させたところ、実は角のついた鹿の皮を衣服とした日向の諸県君牛らが、老齢により朝廷への奉仕から退くことの代わりに、娘の髪長媛を仕えさせるためにやって来たところであった。ゆえに、彼らの着いた場所を鹿子水門《かこのみなと》と言い、水手《かこ》（舟を操《あやつ》る水夫）を鹿子《かこ》と言うようになったのである、という。

鹿子水門の地名起源説話でもあるが、『播磨国風土記』賀古郡の最初の部分にも、狩猟の際に、一鹿が丘に登ってきて鳴き、この丘の形が鹿児《かこ》のようだったので、その地を賀古と呼ぶようになったとあり、地名カコと鹿の深いつながりが強く意識されていたことが知られる。

それとかかわり、鹿子・水手ともにカコと称したのは、単に同音異義語を元にした創作や筆録者の戯《ざ》れ事《ごと》などではなく、カコなる語が、鹿子と水手の両者を同時に連想させる歴史的・社会的実態が、背景として存在したと見るべきである。ただし、大日下王・若日下王の母となる髪長媛の最終上陸地（居地）は、河内の日下であった。

鹿の皮をまとった日向国の諸県君《もろがたのきみ》氏

諸県君氏は、五世紀には大隅から薩摩、さらには肥後の球磨川流域を支配する、日向の大首長《しゅちょう》であった。

諸県君牛が髪長媛貢進の際に身にまとっていた有角鹿皮《ゆうかくろくひ》の衣裳について、毛皮を着ての渡海《とかい》など実際にありえない、あるいは狩猟の際に鹿をおびき寄せるための感染呪術《かんせんじゅじゅつ》という説明もあるが、そのままに解したほうが、説話本来の意味をより正しく理解できる。

毎年抜《ぬ》け落ちては新しく生《は》え変わる鹿角は、その若角である鹿茸《ろくじょう》のすぐれた薬効も含め生命の永遠性、不老長生の象徴であり、鹿そのものが同様の象徴、永遠の生命を持つ霊的威力にすぐれた聖なる獣《けもの》として崇敬されていた(107)。

諸県君牛は、日常生活の場で有角鹿皮を着けていたのではなく、娘の髪長媛を天皇に貢上《こうじょう》するという服属儀礼に際しての衣裳であったことに留意しなければならない。そこには、諸県君牛の服属の誓約だけでなく、髪長媛と彼女を受け入れる応神天皇の長生を願い、祝福する意味もあった。

儀礼の場で生命の永遠、不老長生を象徴する有角鹿皮をまとった諸県君牛の姿は、同様の装束を身に着けた北東アジアのシャマンを彷彿させる。

おそらく、彼は世俗的権力を握る諸県地域の政治的首長であっただけでなく、呪術宗教的権能を併せ持つ宗教的首長でもあったと見られる。いわば聖・俗の二権を併せ持つ、それを体現する日向諸県地域の大首長だったから、服属儀礼の場でもそうした衣裳を着けていたのである。

こうしたありかたは、わが国古代の天皇や豪族の宗教的性格を考察するうえでも参考になる。

カコシマ（鹿児島）と牛馬飼育

諸県君牛らが上陸した地名のカコとかかわり、注目されるのが大隅隼人の拠地《きょち》にあって明治四年に県名として採用される地名の鹿児島《かごしま》である。この地名は『続日本紀』天平宝字八（七六四）年十二月条の麑嶋《かこしま》が史料に見える最初であり、大隅国桑原《くわばら》郡には式内大社の鹿児島神社が鎮座（現・鹿児島県霧島《きりしま》市隼人《はやと》町）している。

大隅・薩摩が、未だ日向国の領域内であった持統天皇三（六八九）年正月には、筑紫大宰《つくしのおおみこともち》（のちの大宰府《だざいふ》長官）粟田真人《あわたのまひと》らが、隼人一七四人に併せて布五〇常《きだ》、牛皮《ぎゅうひ》六枚、鹿皮五〇枚を献じたとあることも参考になる。天平八（七三六）年の「薩摩国正税帳」（『寧楽遺文』上巻）にも、大宰府に兵器料《へいきりょう》や筆《ふで》料の鹿皮を運ぶ担夫《たんぷ》の経費が計上されているが、薩摩国で鹿猟がさかんであったことが知られる。

『延喜式』によると、朝廷が必要とする馬牛《うまうし》を飼育・調教する牧《まき》（牧場）には、左・右の馬寮《めりょう》管下の御牧《みまき》と兵部省《ひょうぶしょう》管下の諸国馬牛牧《しょこくうまうしまき》があった。

前者は甲斐《かい》（現・山梨県）・武蔵《むさし》（現・埼玉県、東京都、神奈川県の一部）・信濃《しなの》（現・長野県）・上野《かみつけぬ》（現・群馬県）など東国に多く、後者は東西一八カ国に散在したが、日向国には野波野馬牧《のなみのうままき》・堤野《つつみの》馬牧・都濃野《つののの》馬牧・野波野牛牧《うしまき》・長野《ながの》牛牧・三原野《みはらの》牛牧が見える。

日向国は、諸国馬牛牧の所在国の中で、牧の数が肥前国と並んでもっとも多く、かつ半ばが牛牧であるのも等しい。これらの牧の所在地は、諸県郡から児湯郡にかけての地域に求められているが（127）、異論もあり、なお確定的ではない。重要なことは、日向国には政府の牧場が多く置かれ、牛馬飼育がさかんであったことである。

平城宮からは和銅六（七一三）～同八年頃に日向国から貢進された牛皮の荷札《にふだ》木簡二点も出土していて（96）、そのことを示している。また、右の所伝を参酌《さんしやく》すれば、それに隼人らが従事していた可能性は高い（13）。

これにかかわり、日向諸県君牛・牛諸井や噌唹郡大領曾乃君牛養などの名も示唆的であるが、安閑天皇紀二（五三五）年九月条の、「牛を難波の大隅嶋《おほすみのしま》と媛嶋松原《ひめしまのまつばら》とに放《はな》て。冀《ねがは》くは名を後《のち》に垂《た》れむ」と命じたとある記事にも関心を惹かれる。おそらく、これは、河内日下系王族のゆかりの地に名代として置かれた王権直属の牛牧であったと見られる。

大隅嶋は、応神天皇の大隅宮《おおすみのみや》と同所で、現在の大阪市東淀川区大隅《おおすみ》・大道町《だいどう》あたりに比定されるが(63)、隼人らの牛飼育を思えば、ここも大隅隼人の移住地のひとつであったと考えられる。

ここは、古代には淀川の河口に近い低湿《ていしつ》な三角州《さんかくす》で、船で南東に約一〇キロメートルあまり直進すれば、諸県君氏系王族の拠地、日下に至ることもできる。媛嶋が中津《なかつ》川と神崎《かんざき》川に挟《はさ》まれた旧・稗島《ひえじま》村(現・大阪市西淀川区姫島付近)、もしくは上町台地の東側で河内湖の北岸、河内国茨田《まんた》郡内(現・大阪府守口市から門真市)にあてられることは先に触れた。

ほかに例がないこの物語からは、諸県君牛の服属と髪長媛貢上が、王権と日向の関係上画期的な出来事だったとする意識が読み取れる。

宮廷に伝習されてきた、諸県舞《もろがたのまい》

日向諸県君氏と大和王権の関係を象徴的に示しているのが、宮廷で習い伝えられてきた諸県舞である。『続日本紀』天平三(七三一)年七月条には、次のようにある。

雅楽寮《ががくれう》の雑楽生《ざふがくのしやう》の員《かず》を定《さだ》む。大唐楽《だいたうがく》卅《三十》九人、百済楽《くだらがく》廿《二十》六人、高麗楽《こまがく》八人、新羅《しらぎ》楽《がく》四人、度羅楽《とらがく》六十二人、諸県儛《もろがたのまひ》八人、筑紫儛《つくしのまひ》廿《二十》人。其の大唐楽生《がくしやう》は夏蕃《かばん》を言はず、教習に堪《た》ふる者を取る。百済・高麗・新羅等の楽生は、並《ならび》に当蕃《たうばん》の学《がく》に堪ふる者を取る。但《ただ》し、度羅楽、諸県、筑紫の儛生《まひのしやう》は、並に楽戸《がくこ》を取る。

身分の判定や音楽・僧侶・陵墓《りようぼ》のことなどを担当する治部省《じぶしよう》の管轄下にあった雅楽寮は、宮廷の儀式や喪葬に不可欠な楽舞のことを掌《つかさど》った。

雑楽は、大伴《おおとも》氏が琴《こと》を弾き佐伯《さえき》氏が刀を持って蜘蛛《くも》を斬る所作をする久米舞《くめまい》や、農耕の繁栄を祝う田舞《たまい》に起源し元日以下の五節会《ごせちえ》に行なわれる五節《ごせち》舞以外の、宮廷の儀式で演じられる外来や地方の楽舞《がくぶ》を言う。

右は、それを習い演じる楽生《がくしよう》、舞生《まいしよう》の定員を新たに定めたもので、大唐《だいとう》（唐）・百済・高麗・新羅は説明を要しないが、度羅楽は中央アジアに由来する楽舞と見られているものの、くわしくはわからない。

筑紫は北部九州、諸県はもちろん日向のそれであり、舞生は楽戸《がくこ》から採ったというが、その楽戸は畿内に置かれていた可能性が高い。そうだとすれば、諸県舞生を出した楽戸の居所として、彼の一族の集住していた河内日下も候補地のひとつに想定されるが、詳細は分明でない。

令《りよう》の注釈を集めて九世紀中頃に成立した『令集解《りようのしゆうげ》』が引用する「古記《こき》」は、大《たい》宝令《ほうりよう》についての天平十（七三八）年頃の注釈である。その雅楽寮条所引《しよいん》「古記」に見える尾張浄足《おわりのきよたり》の説によれば、「諸県舞は師《し》一人、舞人《まいびと》一〇人で、八人の舞人が甲《かぶと》を著《つ》けて刀《かたな》を持《じ》し、二人が禁止する役をする」とある。

戦闘と、それを抑止する所作が舞われたと見られるが、諸県舞など地方の楽舞が宮廷で演じられることには、祝意とともに服属の意味もあった。

この諸県舞は、日向諸県地域の諸県君氏に代表される集団が、大和王権と政治的関係を結んだことを契機に、それを記念、象徴する楽舞として宮廷で演じ、伝習されてきたものである。

諸県地域の勢力が大和王権と関係を結んだ確かな所伝は、諸県君牛による髪長媛の貢上以外には存在しない。応神・仁徳天皇にかけて語られるその出来事は、諸県舞の実演とともに、宮廷で印象深く語り伝えられてきたに違いない。本来の諸県舞は、有角鹿皮を着けて舞ったのではないかと想像されるが、その舞人が奈良時代にもそうした衣装をしていたかはあきらかでない。

髪長大田根・諸県君泉媛・日向泉長媛・髪長媛のいずれもが、たがいに酷似した名であり、同一人物についての伝承が分化した可能性も考えられようが、関連する物語の内容や所生の子が異なる。

したがって、大和王権と日向諸県君氏の間には、諸県君泉媛のように、一族を集めて大御食《おおみあえ》を献上し、あるいは諸県君牛が娘の髪長媛を貢上したような、幾度か内容の異なる交渉が重ねられたと見られる。

いずれにしても、日向諸県地域の服属にかかわる伝承が、景行・応神・仁徳の三天皇にのみ集中して伝えられていることは、軽視できない。問題は、そのことが大和王権にどのような影響をおよぼしたのかということである。

なお、筑紫舞の起源としては、継体天皇二十一（五二七）～二十二年の、筑紫君磐井《つくしのきみいわい》の事件との関連が想定される。

河内《かわち》国と大和《やまと》国を結ぶ直線の道、直越道《ただごえのみち》

河内日下《くさか》は、日向諸県君氏から出たキサキの産んだ王族の地域基盤であり、彼らを支える諸県君氏の畿内における拠所《よりどころ》でもあった。

日向と日下が、ともに太陽神信仰の聖地と見なされたが、そのことは雄略天皇が若《わか》日下王《くさかのみこ》を求婚する場面でも語られている。それは、目弱王《まよわのみこ》が殺害される事件の続編とも言うべき所伝であり、左に概要を記そう。

大后《おおきさき》となる若日下王が未だ日下に居《い》た時、雄略天皇が日下の直越《ただごえ》の道から河内にやって来た。山の上から国内を見たところ、志幾大県主《しきのおおあがたぬし》が天皇に似せて家を堅魚木《かつおぎ》で飾っていたので、分《ぶん》に過ぎるとして家を焼こうとした。志幾大県主は贖罪《しょくざい》として、白犬《しろいぬ》に布を掛け、鈴を着けて献上した。雄略天皇はこの白犬を求婚の品物として若日下王に贈ったところ、王は「日に背《そむ》きて幸行《い》でましし事、甚《いと》恐《かしこ》し。故《かれ》、己《おの》れ直《ただ》に参上《まゐのぼ》りて仕《つか》へ奉《まつ》らむ」と天皇に申し上げた。そこで天皇は、

日下辺《くさかべ》の（久佐加弁能）此方《こち》の山と　畳薦《たたみこも》　平群《へぐり》の山の　此方此方《こちごち》の　山の峡《かひ》に　立ち栄《ざか》ゆる　葉広熊白檮《はびろくまかし》　……

と歌で応じた。

古代の首長が高い所から眺めて自分の領域支配を確認する、国見《くにみ》的構想の物語となっているが、雄略天皇は、神武天皇の上陸とは反対に、東から西に背後から太陽神の霊威を受けて、日下の直越道を使って若日下王に求婚に来たので、首尾よく大后として迎え入れることができたというのである。

日下の若日下王への妻問いを成就《じょうじゅ》させるには、太陽神の霊威を受ける必要があったということでもある。

日下の直越道とは、生駒山を越えて直線的に河内日下と大和を結ぶ、日下川《くさかがわ》に沿ったほぼ直線の捷路《しょうろ》と見られ、『万葉集』巻六の天平五（七三三）年に神社忌寸老麿《かみこそのいみきおゆまろ》が詠んだ歌（九七七）に見えるから、奈良時代にも利用されていた。

右の所伝の背景に、河内日下における太陽神信仰が色濃く投影されていることは明瞭であり、第二章に記した、若日下王が雄略天皇を日の御子と称える歌謡を献じたと伝えられることに通じる思想的背景を読み取ることができる。

ただし、東の山際《やまぎわ》から太陽が昇る場所は、河内日下にかぎるわけではないから、日下を太陽神信仰の聖地とする観念がどのように成立したのか、地理的位置だけでなく、歴史的背景にも留意しなければならない。

若日下王は、波多毘能若郎女《はたびのわかいらつめ》・草香幡梭皇女《くさかのはたびのひめみこ》とも伝えられるが、梭《ひ》は機織《はたおり》で経糸《たていと》の間に横糸《よこいと》を織り込む器具であるから、名から解釈すれば、彼女は日下で機《はた》を織っている皇女とも言える。すなわち、太陽神信仰の聖地・日下の織姫ということであり、神聖な機織御殿で神の衣を織る天照大神の姿を彷彿させる。

平群《へぐり》の地名が分布する理由

さて、雄略天皇が日下の直越道を経て、河内日下の若日下王を求婚した際に詠んだとされる歌に、大和の平群と河内の日下が対句的に歌われていることには、両地が生駒山の東西に対峙する土地であること以上の意味があったと思われる。

『記』は、熊襲征討を含む景行天皇の九州巡狩を記さないが、それを記す『紀』は、ヤマトタケル西征伝承よりのちの成立で、白村江《はくすきのえ》の戦いに向けて六六一年に斉明《さいめい》天皇が筑紫に行幸したのを契機にまとめられたのではないかと見られているが（38、

93)、なお古い要素も読み取れる。

景行天皇が日向子湯県《こゆのあがた》巡狩の際に日向と名づけたと伝えられることは先に記したが、その時天皇は、

倭《やまと》は　国のまほらま　畳《たたな》づく　青垣《あをかき》　山籠《やまこも》れる　倭《やまと》し麗《うるは》し

命《いのち》の　全《また》けむ人は　畳薦《たたみこも》　平群の山の　白橿《しらかし》が枝《え》を　髻華《うず》に挿《さ》せ　此《こ》の子

など三首の思邦歌《くにしのびうた》を詠んだという。ここでは、日向の地名起源物語と倭・平群を詠んだ歌が一連の所伝の中に割り付けられ、相互の関連を示しているところに意味がある。

いっぽう、『記』は、右の歌謡は最期《さいご》を自覚した倭建命の望郷歌として位置づけている。ただし、これらは本来、大和の平群山の山遊びで歌われた国讃《ほ》めの儀礼歌と見られている。ここで問われるべきは、『記』・『紀』における所伝の新旧ではなく、『紀』が思邦歌三首を日向巡狩に配した理由である。

『紀』における平群臣氏系所伝の多くは、天武天皇十年三月の帝紀・上古諸事記定の際、中臣連大嶋《なかとみのむらじおおしま》と平群臣子首《へぐりのおみこびと》が「親《みづか》ら筆を執《と》りて以《もつ》て録《しる》」した、とあることにか

かわろう。しかし、『記』とは異なる編纂を行なった『紀』に、その根拠がなかったわけではない。

九三〇年代に源　順《みなもとのしたごう》が編纂した『倭名類聚抄《わみょうるいじゅうしょう》』は、その頃の全国の国《こく》・郡《ぐん》・郷《ごう》名を載録しているが、日向国児湯郡に平群《へぐり》郷（現・宮崎県西都市平郡《へごおり》）が見えることは、右とかかわって注目される。

『倭名類聚抄』に載る平群の地名は、大和国以外では、筑前国早良《さわら》郡平群郷（現・福岡市早良区）と安房《あわ》国平群郡（現・千葉県安房郡）だけである。今ではその起源を探るのは困難なことであるが、これはかぎられた地名であることから、おそらくは大和国平群郡（現・奈良県生駒郡平群《へぐり》町・三郷《さんごう》町・斑鳩《いかるが》町あたり）を本貫《ほんがん》（中心となる基盤地域）とする平群氏に深いゆかりのある地名と見てよい。

平群郷のある筑前国早良郡の郡名である早良も、平群氏の同族、早良臣氏との関係が想定されるが、この早良郡に早良郷と額田《ぬかた》郷があるのも、馬飼集団として知られる額田部連《ぬかたべのむらじ》氏や平群氏同族の額田首《ぬかたのおびと》氏との関係を想定させる。

また、都濃野馬牧《つののうままき》の所在地に比定される日向国児湯郡都野郷（現・宮崎県児湯郡都農町）の都野《つの》も、平群臣氏と同じく、建内宿禰後裔の紀角宿禰《きのつの》に始まるという角臣《つののおみ》（都奴／都農臣とも）氏との関係も考えられることから、九州における平群氏とその同族集団らの活動はある時期、かなり広範で活発だったと推察される(109)。

要するに、日向国児湯郡に平群郷のあることを知れば、日向の児湯地域を巡狩した景行天皇に関連づけて右の思邦歌を配した『紀』の編纂意図も、理解できる。『紀』編纂者には、思邦歌をそこに割り付けるべき根拠があったのである。

日向地域が大和王権と関係を結んだ際に、平群の地名が成立したとすれば、そこには当然、平群氏らの動きがあったに違いない。

子湯（児湯郡）は、日向の地名発祥の地と伝えられるように古来枢要《すうよう》の地であり、それは、周知の西都原《さいとばる》古墳群が形成されて以来のことであろう。第一章で述べた、平群木菟宿禰《へぐりのつく》と名を取り換えた大鷦鷯《おおさざき》皇子が日向諸県地域の大豪族、諸県君髪長媛をキサキに迎えたと伝えられることと、児湯郡に平群郷があることも無縁でない。

おそらく、五世紀頃に平群氏が日向地方に進出し、のちの児湯郡に拠地を獲《え》るとともに、諸県地域の勢力とも親密な交渉があったと見られる。

いっぽう、日向の諸県君氏は、平群氏らの協力で河内の日下に居地を得、髪長媛を支えて大日下王・若日下王の養育も担っていたのである。熊襲の征圧には、海岸部に位置する日向児湯地域から南に広がる諸県地域の協力が不可欠である。『紀』が、ヤマトタケルの熊襲征討の前に、景行天皇の巡狩と日向女性の入内を記すのも、それがためであろう。

隼人の河内国移住

名代設置の時期や目的については第一章で述べたが、大日下王・若日下王に関連する日下部・大日下部・若日下部から、日下と九州の関連を探ってみよう。それらを在地で管掌した伴造《とものみやつこ》である日下部《くさかべ》氏には、複数の系統があるが、ここでは隼人系日下部氏を中心に見ていきたい。

『新撰姓氏録』摂津国神別条に載る日下部氏は、「阿多御手犬養《あたのみてのいぬかひ》と同じき祖《おや》。火闌降命《ほのすそりのみこと》の後《すゑ》なり」とある。

阿多御手犬養については、右京神別下条《うきょうしんべつげ》に「阿多御手犬養。同じき神（筆者註・

火闌降命）の六世孫、薩摩若相楽《さつまのわかさがら》の後《すゑ》なり」とある。阿多は、薩摩国阿多《あた》郡（現・鹿児島県薩摩半島あたり）のことであり、天武天皇十一（六八二）年以降には、大隅隼人と対《つい》で阿多隼人が『紀』に見える。神代紀第九段本文分註には、火闌降命は「是《これ》隼人等が始祖《はじめのおや》なり」とあり、摂津の日下部氏は阿多隼人の同族を称していた。

隼人の中には、早くに畿内とその周辺に移住した畿内隼人がおり、律令制下には宮城《きゅうじょう》の門の開閉や守衛を掌《つかさど》った衛門府《えもんふ》の隼人司《はやとのつかさ》（大同《だいどう》三年正月に衛門府に統合、同年八月に復置して兵部省《ひょうぶしょう》に移管）の管掌下にあった。

中世には、彼らの居住地は隼人司領として荘園と化したが(14)、室町時代中頃に中原康富《なかはらのやすとみ》が記した日記『康富記《やすとみき》』（『増補史料大成』）の宝徳《ほうとく》元（一四四九）年十一月条には、その隼人司領として江州竜門《ごうしゅうりゅうもん》（現・滋賀県）、当国（山城国）の大住《おおすみ》庄・宇治《うじ》田原《たわら》郷・西京隼人《にしきょうはやと》町などとともに、河内国萱振保《かやふりのほう》が見える。

保《ほう》とは所領の単位であるが、萱振保は、現在の大阪府八尾《やお》市萱振《かやふり》町に比定される。ここは、東大阪市日下町と直線で、南西に約六・五キロメートルと至近の距離にある。さらに、八尾市萱振町から南西に一キロメートルあまりの八尾市久宝寺《きゅうほうじ》遺跡からは、五世紀中頃のゆがんだ隅丸方形《すみまるほうけい》で、壁面からやや離れて柱穴がめぐる南九州型の竪穴住居跡や、鹿児島県指宿《いぶすき》市地域の特徴的な土器などが出土している(18)。

これらは、早くも五世紀代には、隼人系集団が河内湖周辺に移住していたことを示しており、諸県君髪長媛の入内に象徴される出来事が作《つく》り事《ごと》でないことを物語る。

大和王権と隼人の結びつき

日下部は、当然のことだが諸県君氏の本拠、日向にも多く分布する。

日向(隼人)系日下部氏との関係で注目されるのが、承和《じょうわ》四(八三七)年八月に、日向国子湯郡都濃《つの》神、宮埼郡江田《えた》神、諸県郡霧嶋岑《きりしまのみね》神とともに官社《かんしゃ》になった妻《つま》神(『続日本後紀』)、すなわち都萬《つま》神社(現・宮崎県西都市妻《つま》町、祭神は木花開耶姫命《このはなのさくやひめのみこと》と伝える)である。

当社は西都原《さいとばる》古墳群の東約二キロメートル、日向国児湯郡に置かれた国衙《こくが》に隣接して鎮座するが、社家《しゃけ》は代々、日下部氏が務めた。

『万葉集』巻二十の天平勝宝七(七五五)歳《さい》に、防人《さきもり》らが詠んだ歌群の四三四七番歌の左註に「国造丁《くにのみやつこのよほろ》早部《くさかべの》使主《おみ》三中《みなか》之父《のちち》」、続く四三四八番歌左註に「国造丁早部使主三中」、さらに都萬神社の世襲神職家の「日下部姓之系図」にも、彼の名が見える（61）。

律令政治が崩れると、地方を治めた国衙行政の実務は、地方豪族出身者に担われるが、彼らを在庁官人《ざいちょうかんじん》と言う。日下部使主氏は、日向国の在庁官人として中世まで大きな勢力を誇った。

西都原古墳群にある九州最大の前方後円墳である女狭穂塚《めさほづか》古墳（五世紀前半、全長一七六メートル）の被葬者を髪長媛、全国最大の帆立貝形《ほたてがいがた》古墳である男狭穂塚《おさほづか》古墳（同一七六メートル）のそれを諸県君牛にあてる考えもあるように（128）、ここが日向諸県君氏と関連集団らの奥津城《おくつき》であることは確かであろう。また、東西二〇〇メートル・南北二五〇メートルの狭隘《きょうあい》な域内に、四九基の円墳が集中し、径《けい》三〇メートルの一一一号墳の地下には、この地域に特徴的な地下式横穴墓《ちかしきよこあなぼ》が存在する（129）。

男狭穂塚・女狭穂塚古墳被葬者の存在を契機として、一定の狭い区画内に特定集団の墓域《ぼいき》が形成されている。これに近接して鎮座する都萬神社の社家が日下部使主氏であったことは、日向諸県君氏系の日下宮王家や名代日下部ついて考察するうえでも注目される。

なお、二メートルほどの竪穴の底から横に羨道《せんどう》・墓室《ぼしつ》を穿《うが》った地下式横穴墓（五世紀前半〜七世紀）は、北は宮崎県児湯郡高鍋《たかなべ》町、南は鹿児島県鹿屋《かのや》市、西は同県大口《おおくち》市をかぎる範囲に分布する。

さらに、宮崎県東諸県郡国富《くにとみ》町の本庄《ほんじょう》古墳群にあり、地域の有力首長墓と見られる四七メートルの前方後円墳で、馬具・甲冑などが出土した猪塚《いのづか》古墳が地下式横穴墓を主体部とするなど、畿内型古墳に伴うものも少なくないことから、早くに大和王権と関係を結び独自の文化を発達させた日向隼人や大隅隼人との関係が想定される。

いっぽう、地下に板石《いたいし》を立て並べて石室を構え、上には持送《もちおくり》式《しき》に板石を重ねてドーム状の天井とした地下式板石積石室墓《ちかしきいたいしつみせきしつぼ》（三世紀もしくは四世紀〜七世紀）は、薩摩隼人の居住域に多く分布する傾向があり、阿多隼人の居住した薩摩半島南半部には土壙《どこう》墓《ぼ》のみで、畿内型古墳は分布しない(15)。

土の中から現われた祖先

右の都萬神社の縁起にかかわり、不思議な物語が伝えられる。それは同じく式内社である江田《えだ》神社（現・宮崎市阿波岐原《あわぎがはら》町）の宮司《ぐうじ》・金丸《かなまる》氏所蔵の、乾元《けんげん》二（一三〇三）年撰述という『妻萬《つま》大明神《だいみようじん》之《の》御縁起《ごえんぎ》』である。

妻萬大明神とは都萬神社のことであるが、縁起には庚午《かのえうま》年十一月十九日庚午日に「掘土男一人・女一人出、即各無衣服故、萱苅搆壁居住、仍号日下部立次、奉仕大明神君……」とある（61）。すなわち、「土を掘って男女各一人が出現し、衣服をまとっていなかったので、萱《かや》を刈り壁を搆《こしら》えて住み、日下部立次と号してこの神を奉斎した」という。

縁起にいう庚午年は、庚午年籍《こうごねんじやく》が造られた天智天皇九（六七〇）年が意識されているかもしれないが、始祖が土中から出現したというのはもちろん事実ではない。

鎌倉時代後期成立の『塵袋《ちりぶくろ》』が引用する「日向国古庾《こゆ》郡吐濃峯《つののみね》・吐乃《つの》大明神」についての記事は、元は奈良時代撰述の風土記逸文である可能性もあるが、そこにも右と類似の所伝が見える。

それは、新羅遠征より帰った神功《じんぐう》皇后（応神天皇の母）が韜馬《うしか》の峯《みね》というところで、弓射給《いたま》ヒケル時、土ノ中ヨリ黒キ物ノ頭《かしら》サシ出《いで》ケルヲ、弓ノハズニテ、ホリ出《いだ》シ給《たま》ヒケレバ、男一人女一人ゾアリケル。其《それ》ヲ神人《しんじん》トシテ召《め》シ仕《つか》ヒケリ。其ノ子孫今ニ残レリ。

……

という、土中出現物語である。

吐乃大明神とは、式内社の都濃《つの》神社（祭神）のことである。土中出現伝承は本来、この地域に特徴的な始祖神話ではなかったかと考えられ、太陽神信仰とあいまって留意される。

土中出現物語との関連で留意されるのが、吉野国主《くず》（国巣／国栖）である。神武天皇即位前紀によれば、河内日下から熊野に迂回して、大和の吉野川上流に至った神武一行は、「尾《を》有りて磐石《いは》を披《おしわ》けて出」て来た磐排別《いわおしわく》の子、吉野国樔部《くずら》の祖に出合ったとある。

『記』にも同じ所伝が見え、土と磐石の違いがあるが、類似した所伝と言える。吉野川流域の国主の居住地下流に位置する大和国宇智郡には、阿多隼人の同族である阿太《あだの》養鸕部《うかいら》（阿陀の鵜飼《うかい》）が、早くから移住していた。

大和国の吉野郡から宇智郡の吉野川流域は、畿内隼人の拠地のひとつであった。その祖が磐石を押し分けて出て来たという吉野国主が、即位前の仁徳天皇を「品陀の日の御子　大雀」と称えたと伝えられることにも、日向との関連が憶測される。

第六章

天《てん》と日《ひ》の思想と天照大神《あまてらすおおみかみ》

伊勢神宮に仕えた巫女《みこ》、斎宮《さいぐう》

河内日下《くさか》における、諸県君《もろがたのきみ》氏や日下宮《くさかのみや》王家らの太陽神信仰が、その後どのような道を辿ったかはあきらかでない。ここでは、天皇家の太陽神信仰とかかわり、伊勢斎宮（斎王）や『隋書』倭国伝の問題などから、天照大神と天《てん》と日《ひ》の思想の問題について述べる。

天皇家の太陽神崇拝について考察するうえで、伊勢神宮に奉仕した未婚の皇女や女王である斎宮の問題は、伊勢神宮の鎮座時期ともかかわって避けて通ることができない。まずは、ここから見ていこう。

『紀』には、崇神天皇の代に、紀伊国の荒河戸畔《あらかわとべ》の娘遠津年魚眼眼妙媛《とおつあゆめまくわしひめ》が産んだ豊鍬入姫命《とよすきいりひめのみこと》が倭笠縫邑《やまとのかさぬいのむら》で天照大神を祭ったとある。崇神天皇記も、木国造《きのくにのみやつこ》荒河刀弁《あらかわとべ》の娘遠津年魚目目微比売《とおつあゆめまくわしひめ》が産んだ豊鉏入日売命《とよすきいりひめのみこと》が「伊勢大神の宮を拝《いつ》き祭」ったと分註で記すが、これらは伝説的色彩が濃厚で信憑性を測《はか》りがたく、天照大神が伊勢に鎮座していたかも定かでない。

次の垂仁天皇の代には、丹波道主《たんばのちぬし》王の娘日葉酢媛命《ひばすひめのみこと》が産んだ倭姫命《やまとひめのみこと》が、天照大神の鎮座地を求めて諸国遍歴ののち、祠《やしろ》を伊勢国に立て、五十鈴川《いすず》の畔《ほとり》に彼女の住まう斎宮《いつきのみや》を興《おこ》したとある。いわゆる伊勢神宮創祀、初代斎宮の伝承である。

垂仁天皇記でも、倭比売命の分注で「伊勢大神宮を拝き祭りたまひき」とあるが、これも信憑性を確かめる術《すべ》はない。続く景行天皇の代には、三尾氏磐城別《みおうじのいわきわけ》の妹水歯郎媛《みずはのいらつめ》が産んだ五百野《いおの》皇女を派遣して、天照大神を祭らせたという孤立記事がある。

これら三代の天皇は実在したとすれば、四世紀代のことになり、次は五世紀後半の雄略天皇の代まで斎宮関連記事は中断することもあって、事実関係を確かめることはできない。

雄略天皇の代からは、断続的に斎宮が任命されており（図表4）、分析に耐えうる状況と言える（16、49、99、152）。

斎宮の任命が中断された理由

斎宮については、伊勢神宮の鎮座時期とかかわって問題が多く、これらの所伝が正確に事実を伝えているか不安もある。

そんななか、推古天皇三十（六二二）年まで任にあった⑤の酢香手姫《すかてひめ》皇女から、天武天皇二（六七三）年に任命される⑥の大来《おおく》皇女まで、ほぼ半世紀間の斎宮の中断がある（図表4）。これについて、皇祖神天照大神の成立ともかかわり、次のような説がある（77）。

斎宮に任命されたという荳角《ささげ》（継体朝）、磐隈《いわくま》（安閑朝〜欽明朝）、菟道《うじ》・酢香手（敏達朝〜推古朝）は、大和における日祀《ひまつり》の皇女であり、この間、天皇家の祖神アマテラスは未成立で、彼女たちは天皇家の守護神として太陽の精霊、アマテルタマ（アマテル御神《みかみ》）を祀っていた。舒明から天智の七世紀前半の約半世紀は斎宮（斎王）の任命が中断するが、これは斎宮を伊勢大神に差し出すという習慣がなかったことを表わしている。持統朝にも任命がないのは、皇祖神としての皇大神宮《じんぐう》（伊勢神宮内宮《ないくう》）が未成立であったことの証拠であり、大来（天武朝）は雷神である伊勢大神の斎宮であった。

天照大神にかかわる部分は第四章でも触れたが、右は敏達天皇六（五七七）年二月の日祀部《ひまつりべ》設置を論拠としている。しかし、荳角・磐隈皇女はそれ以前の斎宮である

図表4　斎宮《さいぐう》の出自

	斎宮	斎宮の母・父	斎宮の外祖父母	関連記事年月
①	稚足姫皇女《わかたらしひめのひめみこ》(栲幡姫《たくはたひめ》皇女)	韓媛《からひめ》 雄略天皇	葛城円大臣《かつらぎのつぶらのおおおみ》	雄略天皇元年三月是月《このつき》
②	荳角《ささげ》皇女	麻績娘子《おみのいらつめ》 継体天皇	息長真手王《おきながのまてのおおきみ》	継体天皇元年三月癸酉《みずのととり》
③	磐隈《いわくま》皇女(夢《ゆめ》皇女)	堅塩媛《きたしひめ》 欽明天皇	蘇我稲目宿禰《そがのいなめのすくね》	欽明天皇二年三月
④	菟道《うじ》皇女	広姫《ひろひめ》 敏達天皇	息長真手王	敏達天皇七年三月壬申《みずのえさる》
⑤	酢香手姫《すかてひめ》皇女	広子《ひろこ》 用明天皇	葛城直磐村《かつらぎのあたいのいわむら》	用明天皇即位前九月壬申
⑥	大来《おおく》皇女	大田《おおた》皇女 天武天皇	蘇我遠智娘《そがのおちのいらつめ》 天智天皇	天武天皇二年四月己巳《つちのとみ》
⑦	当耆《たき》皇女	榖媛娘《かじひめのいらつめ》 天武天皇	宍人臣大麻呂《ししひとのおみのおおまろ》	文武天皇二年九月丁卯《ひのとう》
⑧	泉《いずみ》皇女	色夫古娘《しこぶこのいらつめ》 天智天皇	忍海造小龍《おしぬみのみやつこおたつ》	大宝《たいほう》元年二月己未《つちのとひつじ》
⑨	田形《たかた》皇女	太蕤娘《おおぬのいらつめ》 天武天皇	蘇我赤兄大臣《そがのあかえのおおおみ》	慶雲《けいうん》三年八月庚子《かのえね》

※『日本書紀』『続日本紀』より。奈良時代初頭まで

から、論旨が整合しない。また、天武朝になって大来皇女がそれ以前とは異なる雷神の伊勢大神に仕えたというのも、説得力に欠ける。

七世紀中頃の斎宮の中断は、ほかに理由があったと見られる。舒明朝は、天皇自身が欽明朝以来の方針を覆《くつがえ》して仏教信仰を受容し、天皇の寺である百済大寺《くだらのおおでら》を創建（六三九年）するなど、これまでの天皇家の祖神信仰に大きな変動が生じたと見られる時期である。

孝徳朝は大化改新の実施と難波宮《なにわのみや》への遷都、斉明・天智朝には盂蘭盆会《うらぼんえ》・仁王会《にんのうえ》の仏事開催や仏教的宇宙を象徴する須弥山《しゆみせん》像造立などの新たな宗教的活動、さらには白村江の敗戦（六六三年）による唐との関係悪化や大津宮《おおつのみや》への遷都（六六七年）などのことが影響していると見られる。

また、第七章で詳述する伊勢大神が単なる地方神であったのなら、天武天皇がことさら大来皇女を斎宮として派遣しなければならない必要性は存在しない。

斎宮の出自《しゅつじ》が示すこと

次に、大宝律令《たいほうりつりょう》施行直後までの斎宮九名の母系出自を見てみると（図表4）、②・④は息長《おきなが》氏系、①・⑤・⑧は葛城直《かつらぎのあたい》氏や忍海造《おしぬみのみやつこ》氏を含め葛城系、③・⑨は蘇我《そが》氏系で、⑥も祖母が蘇我氏の女性、⑦のみ孤立的である。

葛城系と蘇我氏系は、同一群に括《くく》ることもできる。したがって、初期の斎宮は母系上では息長氏系か、葛城・蘇我氏系の女性が産んだ皇女ということになる。

また、伝説上の斎宮的女性である豊鍬入姫命は、母が紀伊国荒河戸畔《あらかわとべ》（木国造荒河刀弁）の娘とある。紀《き》氏は葛城氏や蘇我氏と同祖で、建内宿禰《たけしうちのすくね》（武内宿禰）の裔《すえ》と伝える。

紀氏が太陽神信仰を有していたことは、神代紀第七段一書第一の天石窟戸《あまのいわやと》神話に、「磐戸《いわと》を閉じて石窟《いわや》に籠《こも》った天照大神を招き出すため、石凝姥《いしこりどめ》に命じて天香山《あまのかぐ》の金《かね》で日矛《ひぼこ》を作らせ、真名鹿《まなか》の皮を全剝《うつは》ぎにした天羽鞴《あまのはぶき》を用いて神象《かみのみかた》を作らせたが、これは紀伊国に坐す日前神《ひのくま》である」という所伝から知られる。

朝廷の祭祀を管掌した斎部《いんべ》（忌部）広成《ひろなり》が大同二（八〇七）年に撰述した『古語拾《こごしゅう》

遺《い》』には、

石凝姥神をして日《ひ》の像《みかた》を鋳《い》しむ。初度《はじめ》に鋳たるは、少《いささか》に意《こころ》に合《かな》はず。是、紀伊国の日前神なり。

次度《つぎ》に鋳たるは、其の状《かたち》美麗《うるは》し。是、伊勢大神なり。

とある。

最初に鋳造《ちゆうぞう》し、すこしばかり意に適《かな》わなかった日像《ひのみかた》の鏡は日前神で、次に鋳造した美麗な鏡が伊勢大神であるという。日前神とは、紀伊国名草《なくさ》郡（現・和歌山市秋月《あきづき》）に鎮座する式内名神大社の日前《ひのくま》神社のことで、国懸《くにかかす》神社と同じ境内に鎮座し、ともに紀伊国造である紀直《きのあたい》氏が奉斎した。

初期の伊勢斎宮が、母系上では息長氏系か葛城・蘇我氏系の女性が産んだ皇女と伝えられることは、天皇家が太陽女神を祖神と崇敬したのが七世紀末という新しい時期でないことを示している。

アマテラシヒコの正体①

天皇・王権の太陽神信仰を考察するうえで参考になるのが、『隋書』倭国伝である。

五八一年に楊堅《ようけん》（文帝《ぶんてい》）の建国した隋が、五八九年に南朝の陳《ちん》を滅ぼして、南北朝に分裂していた中国を統一したことは、東アジア世界にも大きな影響をおよぼした。

七世紀前半に唐の魏徴《ぎちょう》らが撰述した『隋書』倭国伝には、開皇《かいこう》二十（六〇〇）年に倭国王も遣使《けんし》したと記されている。

開皇二十年、倭王あり、姓《せい》は阿毎《あめ》、字《あざな》は多利思比孤《たりしひこ》、阿輩雞彌《あまきみ》と号す。使《つかい》を遣《つか》わして闕《けつ》に詣る。上《かみ》、所司《しょし》をしてその風俗を訪《と》わしむ。使者言う、「倭王は天を以《もっ》て兄となし、日を以て弟となす。天未《いま》だ明けざる時、出《い》でて政《まつりごと》を聴き跏趺《かふ》して坐《ざ》し、日出ずれば便《すなわ》ち理務《りむ》を停《とど》め、いう我が弟に委《ゆだ》ねんと」と。高祖《こうそ》いわく、「此《こ》れ太《はなは》だ義理《ぎり》なし」と。ここにおいて訓《おし》えてこれを改《あらた》めしむ。王の妻は雞彌と号す。後宮《こうきゅう》に女六、七百人あり。太子を名づけて利歌彌多弗利《り(わ)かみたふり》となす。

この年は推古天皇八年にあたるが、『紀』に対応する記事がなく、最初の記録は推古天皇十五（大業《たいぎょう》三／六〇七）年七月の小野妹子《おののいもこ》の派遣である。

このことから、開皇二十年の派遣主体をめぐって議論もあるが、推古朝の諸政策が開皇二十年の遣隋使《けんずいし》の結果を受けてなされた礼的《れいてき》秩序の形成に向けた施策であったと考えられることから（65）、推古天皇の政府による派遣であったと見てよい。

まず、ここでの問題は、阿毎多利思比孤・阿輩雞彌という語句の解釈である。阿輩雞彌については、オオキミと訓《よ》む向きもある。しかし、『記』・『紀』・『万葉集』に施《ほどこ》された王についての古訓《こくん》を挙げるまでもなく、天皇以外の王族もオオキミと呼ばれることがあったことから見て、大王の表記はともかく、オオキミの呼称が天皇に限定できないことを考えれば、妥当ではない。

七世紀中頃に唐の張楚金《ちょうそきん》が著わした『翰苑《かんえん》』や同じく杜佑《とゆう》の『通典《つてん》』に、「阿輩雞彌は、中国の言葉で天の児を意味する」とあることから、アマキミと訓むべきであろう（4、46）。

次に、「姓は阿毎、字は多利思比孤」と記すが、これは「アメタリシヒコ（アマタラシヒコ）」という倭の一語を、隋側が姓と字に誤解したことによる記述であろう。

このアマタラシヒコを、天孫降臨神話とかかわらせて「あまくだられた貴人・天から降臨した貴《とうと》い方」と解する説もある（22、147、150、155など）。しかし、この語が「あまくだられた貴人・天から降臨した貴い方」の意であるならば、息長帯比売命《おきながたらしひめのみこと》

（気長足姫尊）などの名について理解が不可能となる。

アマタラシの語意については、天智天皇が重病に陥った際に、大后の倭姫《やまとひめ》王が詠んだ『万葉集』巻二の、

天《あま》の原《はら》振り放《さ》け見れば大王の御寿《みいのち》は長く天足《あまた》らしたり（天足有）（一四七）

という歌も参考になろう。

したがって、アマタラシヒコは、天の威力を蒙《こうむ》り生命力の満ち足りた貴人の意で（48）、天皇に対する称辞（12）と見るのが妥当であり、この称辞をもって、推古朝に天孫降臨神話の存否を論じることはできない。

アマタラシヒコの正体②

ただし、アマタラシヒコを当時の天皇の称辞と解しても、開皇二十年は推古天皇八年、『紀』に遣隋使の記録が残る大業三年は推古天皇十五年であって、いずれも女帝の治世下にあり、ヒコ（男性）でないという問題がある。ましてや、大業三年の場合は、『隋書』が「その王多利思比孤、使を遣わして朝貢す」と固有名詞的に書いてあ

る。

こうしたことから、アマタラシヒコを聖徳太子《しようとくたいし》（厩戸皇子《うまやと》）に、「利歌彌多弗利」（語頭の利は和の誤記で、訓みはワカミタフリ）のタフリを田村と解して田村皇子《たむら》（のちの舒明天皇《じよめい》）にあて、固有名詞と解する説もある（34）。

しかし、ワカミタフリを即位前の舒明にあてることには無理があり、長屋王家《ながやおうけ》木簡に見える「若翁」、『源氏物語』の「わかんどほり」につながる太子・長子である若王の意とする通説が妥当である。また、天皇号が男・女を問わず用いられたように、アマタラシヒコも当時の倭国王の称号であろう。

これとは別に、その国風諡号《こくふうしごう》の息長足日広額《おきながたらしひひろぬか》を論拠にして、舒明天皇をアマタラシヒコにあてることがあるかもしれないので、一言しておこう。

舒明天皇二（六三〇）年八月には、犬上御田鍬《いぬかみのみたすき》らを最初の遣唐使《けんとうし》として派遣し、彼らは同四年十月に帰国している。この時、唐の使者高表仁《こうひようじん》らが来日し、翌五年正月に帰国しているから、わが国内部の情報が多量に唐にもたらされたことはまちがいない。

したがって、『隋書』のアマタラシヒコは、舒明朝の日唐交渉の中で唐にもたらされた、舒明天皇の国風諡号オキナガタラシヒヒロヌカに関する知識にもとづく記述ではないか、との考えに至ることは容易である。

しかしながら、舒明天皇が亡くなるのは六四一年十月であり、『隋書』が成立する貞観《じょうがん》十（六三六）年には、未だ彼の国風諡号は成立していない。諡号が未成立であるだけでなく、その諡号を構成するのはアマタラシヒコではなく、オキナガタラシヒヒロヌカであって、一致しない。

ただ、皇極《こうぎょく》天皇の天豊財《あめとよたから》重《いかし》日《ひ》足姫《たらしひめ》のタカラが、即位前の名の宝《たから》皇女にもとづくように、国風諡号には生前の名が取り込まれる場合もある。ゆえに、息長足日広額にも舒明天皇の実名が含まれている可能性もあるが、彼の即位前の名は『記』・『紀』ともに田村である。

舒明天皇の父は押坂彦人大兄《おしさかひこひとのおおえ》皇子（敏達天皇の子）、母は異母妹の糠手《あらて》姫《ひめ》皇女（田村皇女／宝王《たからのみこ》）である。彼女は王統上で重要な位置を占め、嶋宮《しまのみや》（奈良県高市郡明日香村島庄《しまのしょう》）に住んだことから、没後には嶋《しま》皇祖母命《すめみおやのみこと》と贈り名されたが、舒明天皇の田村という名は母から継承したと見られる。

ちなみに、厩戸皇子と蘇我馬子《うまこ》による天皇記・国記などの編纂は、推古天皇二十八（六二〇）年のことであるが、それらも含め、『記』・『紀』編纂の材料となった帝紀・旧辞に、歴代天皇の名がどのように記されていたのか明瞭でない。

今見る『記』・『紀』において、名にタラシを含む天皇・皇后には、所伝の信憑性に問題の多い六代孝安《こうあん》天皇（ヤマトタラシヒコクニオシヒト）をはじめ、十二代景行天皇（オオタラシヒコオシロワケ）・十三代成務天皇（ワカタラシヒコ）・十四代仲哀天皇（タラシナカツヒコ）・神功皇后（オキナガタラシヒメ）の一群と、七世紀前半の三十四代舒明天皇（オキナガタラシヒヒロヌカ）・三十五代皇極天皇（重祚《ちょうそ》して三十七代斉明天皇／アメトヨタカライカシヒタラシヒメ）がいる。

前者の人物は四世紀以前に相当するが、『記』が記載するのは三十三代推古天皇までで、それ以降は載せない。太安万侶が「日下《くさか》」・「帯《たらし》」の表記にこだわったことは先に記したが、太安万侶の意識の中にあったタラシ系人物は前者であろう。

タラシを含む名前の人物は、右のほかに、孝安天皇の同母兄の天押帯日子命《あめおしたらしひこのみこと》

（春日臣《かすがのおみ》をはじめとする和珥《わに》氏系氏族の祖）、孝安天皇・天押帯日子命兄弟の母である尾《お》張連《わりむらじ》の祖瀛津世襲《おきつよそ》の妹世襲足媛《よそたらしひめ》（『記』は余曽多本毘売命《よそたほひめみこと》と記し、タラシを含まない）、雄略天皇と葛城訶良比売《からひめ》（韓姫）の間に生まれた若帯日売命《わかたらしひめのみこと》らが見える。

隋の官人から、倭国王などについて質問された遣隋使が、一般的な称辞・称号で答えたことに対し、隋の側が固有名詞と誤解したのである。『隋書』倭国伝にいう阿毎多利思比孤は天皇、雞彌はその妻、和歌彌多弗利は皇子についての称辞であって、いずれも特定の人物に比定できるものではない。阿輩雞彌は、阿毎多利思比孤を置き換えた語、もしくは別称と見るのが妥当であろう。

なお、開皇二十年と大業三年の遣隋使は、倭国王阿毎多利思比孤と記した国書を持参したと見られるが、大業三年のそれには倭国王が「日出処天子」ともあったため、「蛮夷《ばんい》の書、無礼なる者あり」として非難されたのである。

すなわち、推古朝には、倭国王の対外的な称号は未だ確定しておらず、模索されていたのである。

古代における、天と日の思想

ヒノミコという詞章の特殊性については先に述べたが、天照大神の奉斎にもかかわり、天と日の思想をめぐり、次のような説がある（84）。

①天照大神を原点とする日の思想と、神話的観念上の天の思想は、ともに天孫による国家思想として一体のものである。神話の中核になっている思想は、太陽崇拝の思想、太陽信仰にもとづく思想である。

②天照大神─日の皇子（御子）─天《あま》つ日継《ひつぎ》という一連の神話的観念は太陽信仰を措《お》いては考えられず、これを核として、日神《ひのかみ》の子孫がこの国を統治するという、天孫による国家統治の思想が達成された。

③天武天皇は、二年四月に大来皇女を泊瀬斎宮《はつせのさいぐう》で潔斎《けつさい》（筆者註・神事などの前に飲食を慎《つつし》み、沐浴《もくよく》などで心身を清めること）をさせて、途絶えていた斎宮制を復興し、伊勢の日神が祖神として最高の地位を確立した。

④儀礼の世界において、天皇や皇子が日神の御子として神であっても、中央集権的組織が整《ととの》い、国家権力が強大化してきた政治の世界においては、もはやその思

想や表現は空《むな》しいものになっていた。

この説を紹介したのは、これが古代の天と日の思想について、今日《こんにち》の標準的、通説的な理解になっていると考えたからである。

その特徴は、「天照大神を原点とする日の思想」と「神話的観念上の天の思想」は「天孫による国家統治の思想」と一体である、すなわち天と日の思想が古代国家の統治思想の核であった、と位置づけることである。天と日の思想が、わが国古代の宗教思想において重い位置を占めたことは確かであるが、統治思想の核であったと断言できるかについては躊躇《ちゆうちよ》される。

ただし、②と③については、太陽神信仰の高揚の一齣《ひとこま》とはできても、王権全体に押し広げて、一般的であったとまでは言い切れないことなど、先に述べたところである。特に、③・④の論点も、先に斎宮にかかわり紹介した筑紫氏説と基本的に通じるところがある。

ところが、古代の天と日の思想について、右の説を踏まえた次の主張もある(54)。

Ⓐ天皇制は論理上、統治思想と皇位継承原理から成立しており、前者は天《てん》と地《ち》、後

者は天と日の関係に表象《ひょうしょう》される。成立期が未成熟であったことにより、天と日と地の相克《そうこく》が、天皇制イデオロギーを規定している。『隋書』倭国伝は、天と日の位置づけを兄弟関係に準《なずら》え、倭王は兄である天と、弟である日の間にいる、天の弟であり日の兄としていたことを伝えている。

Ⓑ地上に降りた神が天下の天皇であり、神意判断を誤ると死が与えられた。ヤマトタケルが死亡するのは、言挙《ことあ》げに失敗したからであり、仲哀天皇の死も、神の命《めい》を疑ったからである。天皇がひたすら天神地祇《てんじんちぎ》を祭祀する所以《ゆえん》である。アマテラスの霊威を恐れただけではなく、すべての神を祭らなければならないのである。天皇を神とする観念の認め難いことは先述したが、『隋書』倭国伝について、Ⓐの解釈の当否については後に述べよう。

Ⓑの、ヤマトタケルと仲哀天皇の父子がともに神の意思で死んだとするのは、神の霊威を恐れたことを語っているというよりも、時の天皇家と神の関係破綻を物語るものである。だから、天皇家と神の関係の再構築、祭祀秩序の更新《こうしん》（祓《はらえ》儀礼）の必要性が示されていると理解するべきであろう。端的に言えば、王統交替の必然性が示され

ていると考えられる。

古代天皇の特徴

さて、『隋書』倭国伝に戻るが、高祖に「此れ太だ義理なし」と言わせた、「倭王は天を以て兄となし、日を以て弟となす。……いう我が弟に委ねんと」という部分は、遣隋使の説明にもとづいた記述であろう。

その意味は「夜中《よなか》の祭事の神懸《かみがか》りによって天《あま》つ神の意思をうかがう神託《しんたく》政治と、太陽が上がって後、君主によっておこなわれる現実の政治の関係を述べたもの」という理解が穏当である（11）。

また、「倭王即《すなわ》ち天という思想を前提に、倭王が夜明け前に執務することについて、日が昇れば星が見えなくなる天と日の関係を兄弟に擬《なぞら》えて説明したもの」とする解釈も参考になる（66）。

夜は、祭祀や喪葬の執り行なわれる宗教的論理・秩序の支配する時空であり（144）、日の出後の俗事である日常政務に基本的な指針を与える、優越的な時空と観念されていた。この政務のありようを、日が昇れば星が見えなくなる天と日の関係に擬えて説明したものと見られる。当時の倭国において、天皇が天と日の間に位置づけられていた、あるいは祭祀王が弟王に日常政務を委《ゆだ》ねるしくみになっていた、ということを述べているのではない。

これは、古代の王が、呪術的・宗教的首長権と政治的・軍事的首長権を併せ持つことの別な表現である。まさに、当時の天皇が帯《お》びていた古代的特質と言えるが、こうした伝統は変化しながら、後世まで存続したのである。

神話に隠された昼・夜・海

右のことにかかわり、わが国古代の天が昼夜を包摂《ほうせつ》する概念であったことは、『記』・『紀』神話からも知られる。

神代記では、黄泉国《よみのくに》の伊邪那美命《いざなみのみこと》のもとから逃げ帰った伊邪那岐命《いざなきのみこと》が、竺紫《つくし》の日向の海で禊《みそ》ぎをした際に生まれた、いわゆる三貴子《さんきし》（天照大神・月読命《つくよみのみこと》・須佐之男命《すさのおのみこと》）に対して、伊邪那岐命が事依《ことよ》さし（委任）し、与えた場所は次のようであった。

天照大御神：高天《たかま》の原《はら》
月読命　：夜の食国《おすくに》
須佐之男命：海原《うなばら》

月読命が委任された夜の食国とは、夜の世界・神々の世界のことである。いっぽう、神代紀第五段の事依さしについての所伝には、左のように複数の異伝が存在し、統一的な理解が困難であった。

本文　日神《ひのかみ》大日孁貴《おおひるめのむち》：天上《あめ》の事
　　　月神《つきのかみ》（月読尊）：日に配《なら》べて治《しら》すべし。故《かれ》、亦《また》天に送りまつる。
　　　素戔嗚尊《すさのおのみこと》：根国《ねのくに》
一書第一　大日孁貴と月弓尊《つくゆみのみこと》：天地に照らし臨《のぞ》ましむ。
　　　素戔嗚尊：根国
一書第六　天照大神：高天原
　　　月読命：滄海原《あおうなはら》
　　　素戔嗚尊：天下《あめのした》

一書第十一　天照大神：高天の原
月夜見尊《つくよみのみこと》：日に配べて天の事
素戔嗚尊：滄海の原

一見《いっけん》各所伝ばらばらで、共通点が少ないように見えるが、天照大神については、神代記・神代紀第五段一書第六・一書第十一と、神代紀第五段本文・一書第一の二群に分けることができる。

後者の群は、素戔嗚尊に対する事依さしの内容でも共通する。月読命については、一書第六を除けば、それが天で共通する。神代紀第五段本文と一書第十一が、「日に配べて」と述べながら、それが天であることに有意性がある。

すなわち、神代紀において、月読命に事依さしされた天は、『隋書』倭国伝の天についての理解を参酌すれば、神代記の夜の食国と言い換えることが可能なものであった。わが国古代の天と夜の食国は、それによって示される内容が重なる語であった。

いっぽう、天にかかわり「天下《あめのした》」の語も問題となるが、それは水平的な世界観だけでなく、垂直的な世界観をも示す用語であり、天皇の統治という視点からヒトの世界を表象する呼称であった（81）。

わが国における天下の確かな用例は、五世紀後半の埼玉県行田市の稲荷山古墳から出土した鉄剣の金象嵌銘《きんぞうがんめい》「……吾左治天下……」と、熊本県玉名郡和水町の江田船山古墳から出土した大刀《たち》の銀《ぎん》象嵌銘「治天下獲□□□鹵大王……」にまでさかのぼる。かつ、『隋書』倭国伝も参酌すれば、天武天皇から持統天皇の時という新しい時期にその使用が定着したものとは言えない。

三貴子誕生・事依さし神話にかかわり、ヒルメと対であったと目《もく》されるヒルコについても、述べておこう。

神代紀第五段本文と一書第二の三貴子誕生神話では、「同じ時に生まれた蛭子《ひるこ》は三年経《た》っても足が立たなかったので、天磐櫲樟船《あまのいわくすぶね》に載せて放ち棄てた」とある。しかし、神代記・神代紀第四段一書第一や第十では、これを三貴子誕生の前に割り付けているから、三貴子誕生との結びつきは、本来的ではなかったとも考えられる。

ヒルコ神話の不安定感はぬぐえないが、ヒルコという語の意味することにかぎれば、広く分布する洪水《こうずい》神話のひとつで「ヒルを文字どおり蛭の如《ごと》き」と解する説がある(116)。

これに対して、「天磐櫲樟船は太陽を運ぶ船で、ヒルコの原義は太陽神的霊格《れいかく》を意味する日子《ひるこ》であって、太陽神を祭る巫女である日女《ひるめ》と対になる存在であった」とする説(76)に説得力がある。

また「本来、ヒルコは男神の日神を意味し、女神の日神ヒルメと一対の存在であったが、ヒルメがアマテラスに統合されたことにより、ヒルコが放逐《ほうちく》される物語に変容した」との説(68)も妥当性がある。

三貴子への事依さしやヒルコ神話が、不安定で複数の異伝が存在するのは、もともとヒルコ・ヒルメ、アマテラス・ツクヨミ・スサノオなどを主人公とする神話間において、神格や物語展開上の位置づけなどが類似していたことが原因のひとつと思われる。

本来は、それぞれヒルコ・ヒルメ、日神・月神、アマテラス・スサノオを主人公とする、内容が酷似した神話が併存していたが、その類似から相互に習合《しゅうごう》していったのではないかと考えられる。

古来、類似の神話や説話が多様に存在、伝承され、時にしたがって変化や習合、分離や統合が生じることは避けられなかったと見られ、そうした点において、正に神話も歴史的な存在であった。

第七章

仏教受容と石上《いその》神《かみ》宮から探る、天皇の本質

仏教の崇廃《すうはい》抗争の真相

ここでは、天皇の仏教信仰受容と石上神宮《いそのかみ》の性格から、天皇の本質に迫ってみよう。

欽明天皇紀十三（五五二）年十月条には、百済の聖明王《せいめいおう》が西部姫氏達率怒唎斯致契《せいほうきしだちそちぬりしちけい》らを派遣して、「釈迦《しやか》仏《ほとけの》金銅像一軀《かねのみかたひとはしら》・幡蓋《はたきぬがさ》若干・経論《きやうろん》若干巻」を献上し、別に表《ふみ》を添えてそれを礼拝、信仰することの功徳《くどく》を述べたとある。

これは広く知られた仏教公伝であるが、これに対して、欽明天皇は「歓喜《よろこ》び踊躍《ほどはし》り」、「朕《われ》、昔より来《このかた》、未《いま》だ曾《かつ》て是《かく》の如く微妙《くは》しき法《のり》」を聞いたことはない。「然《しか》れども朕、自《みづか》ら決《さだ》むまじ」と語り、群臣《まえつぎみ》に「西蕃《にしのとなりのくに》の献《たてまつ》れる仏の相貌《かほ》端厳《きらぎら》し。全《もは》ら未だ曾て有《あら》ず。礼《ゐやま》ふべきや不《いな》や」と、その信仰受容の可否を諮問したという。

結果、蘇我大臣稲目宿禰《そがのおおおみいなめのすくね》は、西蕃《にしのとなりのくに》では皆礼拝しているのに、わが国だけが信仰しないでおれようかと、賛意を表した。これに対し、物部大連《もののべのおおむらじ》尾輿《おこし》と中臣連鎌《なかとみのむらじかま》子《こ》は「我が国家《みかど》の、天下《あめのした》に王《きみ》とましますは、恒《つね》に天地社稷《あまつやしろくにつやしろ》の百八十神《ももあまりやそかみ》を以て、春夏秋冬、祭拝《まつ》りたまふことを事《わざ》とす。方《まさ》に今改めて蕃神《あたしくにのかみ》を拝《をが》みたまはば、恐《おそ》るらくは国神《くにつかみ》の怒《いかり》を致《いた》したまはむ」として強く反対した。

そこで、試みに蘇我稲目に授け、稲目は小墾田家《おはりだのいえ》（現・奈良県高市郡明日香村の北部）に安置、さらに向原家《むくはらのいえ》（現・同村豊浦《とようら》）を寺として礼拝する、という折衷《せっちゅう》的対応をした。しかし、反対する物部尾輿と中臣鎌子は国内の疫病流行の原因は仏教受容にあると主張、それを聞き入れた天皇は、役人が「仏像を以て、難波《なには》の堀江《ほりえ》に流し棄《す》つ。復《また》火を伽藍《てら》に縦《つ》く」ことを認めたという。

倭国王権の内部で、百済から贈られた仏教を受容するか否かで、有力な氏族の間に大きな軋轢《あつれき》が生起《せいき》し、欽明天皇自身がそれを受容することはもちろん、その取り扱いについても、王権の基本方針を決定できなかったという。

広く知られた仏教公伝とその崇廃抗争の始まりであるが、物部尾輿と中臣鎌子が反対しているのは、国家ではなく天皇の仏教信仰受容である点は留意しておく必要がある。

つまり、天皇の受容可否については、この時に「否」と結論が出ているから、その後の仏教崇廃抗争は大臣《おおおみ》蘇我氏と大連《おおむらじ》物部氏の間のことである。伽藍《がらん》や仏像の破却などは、大臣と大連という執政官の権力抗争の一端と解されることから（111）、天皇のそれとは別の問題と見るべきである。

中国との直接交渉が中断した六世紀代の倭国は、主に百済を介して先進文物《せんしんぶんぶつ》の導入を図っていた。たとえば、継体天皇七（五一三）年六月に百済から招いた儒学《じゆがく》の専門家である五経博士《ごきようはかせ》段楊爾《だんようこ》を十年九月には高安茂《こうあんも》に替えている。

欽明天皇以降もこの体制は維持され、仏教公伝の翌年、十四年六月には百済に医《くすし》・易《えき》・暦《こよみ》博士の交替を求め、十五年二月には五経博士を王柳貴《おうりゆうき》から馬丁安《めちようあん》に、僧曇慧《どんえ》ら九人を僧道深《どうしん》ら七人に替えただけでなく、同時に医・易・暦博士や採薬師《さいやくし》・楽人《がくじん》らも百済から受容している。この時は「皆請《まう》すに依《よ》りて代《か》ふるなり」とあるから、各博士だけでなく、僧侶についても、わが国からの要請によるものであり、国家としては仏教を求めているのである（60）。

また、「仏法《ほとけのみのり》を信《う》けたまはずして、文史《しるしふみ》を愛《この》みたまふ」と評され、未だ崇廃抗争が続いていていた敏達天皇六（五七七）年十一月に、「百済国の王、還使大別王《かへるつかひおほわけのおほきみ》等に付《つ》けて、経論《きやうろん》若干巻、幷《あはせ》て律師《りつし》・禅師《ぜんじ》・比丘尼《びくに》・呪禁師《じゆこむのはかせ》・造仏工《ほとけつくるたくみ》・

造寺工《てらつくるたくみ》、六人を献《たてまつ》る。遂《つひ》に難波の大別王《おほわけのおほきみ》の寺《てら》に安置《はべ》らしむ」とあるように、系譜関係は不詳であるが、天皇家の一員である大別王が百済国王（威徳《いとく》王）から贈られた仏教信仰を受容し、規模は不明ながら寺院まで建てているにもかかわらず、何ら問題にはなっていない。

同じく、敏達天皇八年十月にも、新羅から贈られた仏像を受け入れており、国家としては、けっして仏教導入を拒否していたのではない。このことは、これまで見逃されて来た点でもあり、仏教信仰の受容をめぐる問題は、国家、天皇と大臣蘇我氏に分けて論じなければならない。

『紀』の仏教記事は信用できるか？

ところで、『紀』の仏教関係記事については、仏典などからの引用が早くから指摘されている。特に、仏教公伝記事などが、七〇三年十月に唐の都長安《ちようあん》の西明寺《さいみようじ》で義《ぎ》浄《じよう》が訳出した『金光明最勝王経《こんこうみようさいしようおうきよう》』を元に文飾されていることをはじめ、敏達天皇紀十三年是歳条から用明《ようめい》天皇紀二年四月条までの蘇我氏と物部氏による仏教崇廃抗争記事も、仏教関係の典籍《てんせき》に典拠を求めて述作されていることもあきらかにされてきた（7、23、24、117、122、156など）。

こうした指摘は、『紀』の信憑性にもかかわるが、基本的には「古代において古書の文をとって文を修することは当時の作文の常道であって、それは事実を矯《た》めるとか、史実を蔽《おお》うという意図とは別次元のことである」（57）と考える。

結論的に述べるならば、仏教公伝記事は『金光明最勝王経』などで大幅に潤色されていることは確かであるが、六世紀以降の倭・百済の国家間交渉と、その一環として百済から仏教が贈られたことまでは、飛鳥寺《あすかでら》（法興寺《ほうこうじ》）創建など、のちの歴史の展開から見ても、否定することはできない（41、42、70、100、126など）。

古代天皇の宗教的性格

さて問題は、天皇はどうして仏教信仰を受容しなかったのか、あるいはできなかったのかということである。

国家としては導入しながらも、天皇自身が長く受容しなかった、あるいはできなかったことは、当時の状況としてはきわめて異例のことであったと言える。その原因は、当時の天皇の宗教的性格以外に考えられないが、課題はそのことの解明である。

それについて、「天皇の地位が祭祀王という律令制以前の古い伝統を踏まえており、その政治的地位は祭祀王としての宗教的地位に由来する」からであるという説明がある(118)。また、古代天皇の宗教的特質は、「さまざまな重要な機能をはたしていたが、その司祭者的王としての原始性が特に注目される。天皇は畿内豪族層に共立された司祭者的首長としての性格を色濃く残している」ことにあるとされる(159)。

いずれも妥当な指摘であるが、祭祀王・司祭者的天皇であればどうして仏教信仰を受容することができないのか——問題の本質はそこにある。

ただし、次のような反論もある。「天皇が祭祀王としての側面を持つことはまぎれもない事実と言ってよい。ただしそれと、祭祀王であることが天皇の本質であるかどうかということは別問題である。……仏教公伝記事は仏教側の視点から脚色されたものであり、仏教受容をめぐって受難の歴史があったとする伝承を移植するうえで国《くにつ》神《かみ》の怒りも創られたと考えておきたい。あるいは仏教の異質性が直感的に把握されたために導入にあたっての異論が存在したと見るべきであろうか」(29)。

天皇＝祭祀王という視点で、すべての問題を解釈するのは行きすぎであるが、「祭祀王であることが天皇の本質であるかどうかということは別問題」ではなく、やはりそれが本質であったととらえなければ、より正確な古代の天皇像は描出できないのではないだろうか。

要するに、天皇は祭祀王であったから仏教信仰を受容できなかったとの説明に、何とはなしに納得してしまいそうだが、実のところ、これでは何もあきらかになっていない。これまでは、祭祀王であることがどうして仏教受容の障碍になるのかという点が、十分に説明されてこなかった。

『紀』の廃仏《はいぶつ》記事や神祇祭祀と仏教の表面的な異質性などに目が奪われて、見逃していたことがあったのではないかと思われる。この問題を正しく解する鍵は、祭祀王であることの本質の解明にある。祭祀王天皇の宗教的本質の具体相は、史料的制約もあって究明が困難な面もあるが、臆《おく》することなく挑《いど》んでみよう。

天皇による仏教受容

仏教信仰の受容拒否をあきらかにするため、受容に踏み切った状況を見てみよう。

『紀』は、敏達天皇（在位五七二～五八五年）について「仏法を信《う》けたまはずして、文史《しるしふみ》を愛《この》みたまふ」、用明天皇（同五八五～五八七年）には「仏法を信けたまひ、神道《かみのみち》を尊《たふと》びたまふ」などと、宗教的態度についての評価的記事を載せている。

これは、天皇の治績《ちせき》所伝にもとづいた後世的評価的記事であるけれども、そこから、天皇と仏教の緊張関係が用明天皇の時からゆるんできたことも読み取れる。

推古天皇（在位五九二～六二八年）は、厩戸《うまやと》皇子（聖徳太子）と大臣蘇我馬子に三宝《さんぼう》（仏教）興隆《こうりゆう》を命じ、蘇我氏が中心になって造営を進めた飛鳥寺（法興寺）が完成し、厩戸皇子も難波に四天王寺《してんのうじ》・大和に斑鳩寺《いかるがでら》（法隆寺《ほうりゆうじ》）を創建する。

さらに、推古天皇十五（六〇七）年には「聞く、海西《かいせい》の菩薩天子《ぼさつてんし》、重《かさ》ねて仏法を興《おこ》すと。故《ゆえ》に遣わして朝拝《ちようはい》せしめ、兼ねて沙門《しやもん》数十人、来《きた》って仏法を学ぶ」（『隋書』倭国伝）とあるように、遣隋使・留学僧を派遣するなど、仏教政策を大きく転換した。天皇自身の仏教信仰受容の前提が整ったとも言えるが、自身が受容するまでには踏み切っていない。

飛鳥寺や斑鳩寺などの本格的な伽藍造営は、今までに類《るい》を見ない宗教的権威の出現であり、地域にはそれを核とした新しい宗教的世界が生成《せいせい》されていった。並び建つ堂《どう》塔《とう》や日々の僧尼《そうに》の活動を目にするにつけ、これまでの神祇信仰との違いについて認識が深まっていっただけでなく、新たな宗教的権威としての地位を獲得しつつある仏教に対して、天皇には危機的意識が芽生《めば》えていったのではないだろうか。

さて、天皇が仏教信仰の本格的受容を正式に表明するのは、舒明天皇（在位六二九～六四一年）が最初である。一般にはなじみの少ない天皇であるが、六三〇年に第一次遣唐使を派遣している。舒明天皇紀十一（六三九）年七月条には、次の記事が見える。

詔《みことのり》して曰《のたま》はく、「今年、大宮《おほみや》及び大寺《おほでら》を造作《つく》らしむ」とのたまふ。則《すなは》ち百済《くだら》川の側《ほとり》を以《もつ》て宮処《みやどころ》とす。是《ここ》を以て、西《にし》の民《たみ》は宮《みや》を造り、東の民は寺を作る。便《すで》に書直県《ふみのあたひあがた》を以て大匠《おほたくみ》とす。

天皇は、八年六月に火災にあった飛鳥岡本宮《あすかおかもとのみや》（のちの飛鳥板蓋宮《いたぶきのみや》・飛鳥浄御原宮と同じ場所）に代わる正宮《せいぐう》を百済川側に造営し、それと対で大寺《おおでら》を創建した。西方の地域から徴用した人民は大宮《おおみや》を造営、東方からの人民には大寺の創建に従事させたとあるから、百済川を挟《はさ》んで西には百済大宮、東には百済大寺が対で造営された（139）。同年十二月には、百済川側に九重塔《くじゅうのとう》を建てるとあり、十二年十月には舒明天皇も百済大宮に遷居するから、大寺の工事も進捗《しんちょく》していたようである。

舒明天皇は、これまでの天皇がなさなかった天皇の寺院＝大寺を創建したのであり、天皇自ら仏教信仰を受容することを宣言しているのである。しかし、舒明天皇は十三年十月に百済大宮で亡くなり、宮の北で百済大殯《おおもがり》が催されたとあるから、その後の大寺のことは詳《つまび》らかでない。

ちなみに、舒明天皇が創建した百済大寺を、近年は奈良県桜井市の吉備池廃寺《きびいけはいじ》に比定する考えが通説化している（97）けれども、これまでどおり大和国広瀬《ひろせ》郡（現・奈良県北葛城《きたかつらぎ》郡広陵《こうりょう》町百済《くだら》）に求めるべきことは重ねて説いてきたところである（112、113）。

不思議なことに、吉備池廃寺に比定する説では、その所在地名が百済ではなく、天皇家が飛鳥以前に伝統的基盤とした磐余《いわれ》のほぼ中心であることはまったく触れられない。磐余には、百済川・百済の地名は存在しない。これが天皇創建の寺院ならば、初代天皇神武の国風諡号・神日本磐余彦《かむやまといわれひこ》を持ち出すまでもなく、伝統ある地名をつけて「磐余大寺」と称すべきではなかろうか。ただし、吉備池廃寺が舒明天皇創建の百済大寺でないとしても、天皇家ゆかりの寺院であることはまちがいなかろう。

それはさておき、今重要なことは、舒明天皇による百済大寺の創建が、天皇自身による最初の仏教信仰の受容表明でもあったということである。

百済の聖明王からの仏教贈与以来、九〇年近くが経過していた。舒明天皇が百済大宮と対で百済大寺を造営していることは、多分に厩戸皇子の斑鳩宮《いかるがのみや》・斑鳩寺のありかたを意識してのことであったに違いない。これ以降、天皇の正宮と大寺が対で造営、併存するのを原則とするようになるが、これは倭国の王権内における仏教の宗教的地位が上昇したこと、倭国の仏教政策が大きく転換したことの表われでもある。

孝徳天皇(在位六四五～六五四年)の代になれば、大化元(六四五)年に豪族の寺院造営に対して援助するとの詔《みことのり》を下し、白雉《はくち》二(六五一)年十二月晦日《みそか》には、二一

○○人あまりの僧尼を招いて難波味経宮《なにわあじふのみや》で一切経《いっさいきょう》を読ませ、さらに朝廷内で安宅《あんたく》・土側経《どそくきょう》を読ませてから難波長柄豊碕宮《なにわながらとよさきのみや》（現・大阪市）へ遷居し、翌年四月には内裏で無量寿経《むりようじゆきよう》の講義をさせるなど、「仏法《ほとけのみのり》を尊《たふと》び、神道《かみのみち》を軽《あなづ》りたまふ」と評された情況が現われる。

要するに、天皇は神祇信仰以外に、新たに仏教という宗教的権威を身にまとうことになったのである。

仏教を受容した理由

天皇が仏教受容に転換した要因として、内政上の権力集中機能や東アジア世界での外交上の有効性などが注目されている。

王権を構成する有力氏族を主体とする仏教の受容には、寺を結束の象徴として氏族内部の結束を企《くわだ》てる機能と、氏族の枠をも超えた中央の支配集団の結束を企てる機能があった。畿内の有力氏族による合議体の形態を採っていた王権が導入した仏教は、この氏族合議制を支える政治的任務の一翼を担う働きをしていたと見られている

(37)。

また、古代の法や官僚機構は、正統性を裏打ちする他律的で権威的な規範が求められるが、仏教の政策的導入・興隆策と世俗の権力機構の形成・組織化・運営との間には内在的な連関があり、寺院建立《こんりゅう》や僧尼養成という権力的仏教事業が、その他の世俗権力の組織化にも影響をおよぼしていたとされる(89)。

さらに、倭国を取り巻く国際情勢のみならず、百済・高句麗《こうくり》・新羅における仏教伝来、公認にまつわる事情から判断して、倭国が百済から仏教を公的に導入したことが、アジアにおける対中国交渉と仏教との関係を前提としていなかったとは考えられない。仏教色を強調した対中国外交、すなわち仏教的朝貢は南北朝時代から流行しており、隋から仏教の導入を試みた日本の遣隋使が、仏教的朝貢と無関係に計画・実行されたはずはないとの説もある(39)。

こうした内政、外交上の有効性や必要性が認識されて、王権が仏教を積極的に導入しようとする方針に転換し、ひいては天皇自身の仏教受容の容認に至った道筋は理解できよう。つまり、内政上では、『記』・『紀』神話に表出される神祇信仰とは別に、有力氏族層を結集させるため、仏教が新たに共有されたということである。

ただし、天皇や王権がこれまでの神祇信仰を放棄したのではなく、それとは別に、王権強化・支配層結集の宗教的装置として、仏教が新たに加えられたととらえるべきであろう。氏族個別の仏教受容は、氏族における成員結集の新たな宗教的象徴として機能したに違いないが、同時に仏教興隆策を進める王権への帰属意識の表明でもあったと思われる。

また、王権が仏教外交の有効性を認識するのは、開皇二十年の第一次遣隋使派遣により、東アジア世界について詳細な情況を直接に把握してのちのことであろう。したがって、倭国が中国に対して仏教外交を展開するのは、大業三年の第二次遣隋使からのことである。

要するに、舒明天皇が仏教受容に踏み切る環境が醸成《じょうせい》されていった情況はあきらかになってきたが、それ以前の天皇が受容しなかった理由はなおあきらかではない。

仏教受容と高天原《たかまのはら》神話

王権が仏教を導入し、天皇も仏教信仰を受容した目的にかかわり、仏教の持つ天皇と臣下である豪族をひとつにまとめる機能を重視し、それが当時の政治機構の中枢をなしたとする考えが示されている(121)。

この説は仏教だけでなく、『記』・『紀』神話の形成時期や歴史的評価をめぐり、小稿ともかかわるので、その概要から紹介しよう。

六世紀末までは、王権に対して特定の職掌を通じて世襲的に服属・奉仕を担う諸豪族の組織「氏《うじ》」を前提として、天皇と豪族が統合されていた。ところが、王権・天皇が仏教を導入したことにより、その主催する仏教儀礼における臣下の共同請願の論理が、臣下を等しく統合するための新たな原理となった。しかし、実力で権力を掌握した天武天皇の段階では、仏教を媒介とせずとも、天皇自身が権力統合の中枢に位置する論理が構築するに至った。それが、天皇は天の神の子孫であるがゆえに国土支配が正統であるとする高天原神話である。

すなわち、天武・持統天皇の時に支配を正統化する高天原神話が完成したことにより、仏教儀礼の君臣《くんしん》結合機能はさらに変転したとする。仏教導入を王権史の視点から位置づけ、精緻《せいち》に組み立てられており、王権・天皇が仏教を積極的に導入するに至った国内的情況を理解するうえで魅力的であるが、仏教以前の情況や高天原神話の形成などの論点に違和感もある。

のちの項で述べるが、律令制以前の神祇祭祀《じんぎさいし》にもとづいた権力構築において、天皇は各氏族と個別に政治的、宗教的関係を結んで王権が構成され、運営されていた。その権力構築は、支配・服属・帰属による個別的統合であった。仏教が受容されても、神祇信仰が放棄されたわけではないから、それ以前の君臣関係がすべて解体したわけではなく、根強く残存していた。

また、天皇を中心に構成される王権では、権力の上下関係による強制も常に存在するから、仏教受容以降も有形・無形に、そのことを排除することはできなかった。

先述したように、氏における祖の名の継承と維持を核とする結集は、仏教受容以前からのことである。天皇の支配を正統化するという高天原神話が、右に説かれるように天武・持統朝に完成したと見ることができるかは疑問である。

『記』・『紀』にまとめられる神話が、天武朝以前にはいくつもの異伝が併存していたことは、神代紀に多くの異伝（一書《あるふみ》）が記載され、『記』序文が「諸家《しょか》の賷《もた》る帝紀及び本辞」と記すことからも明白である。

また、王権の成員が、同じ神話と歴史を共有することこそが成員であることの証《あかし》であり、帰属の証明でもあった。そこにこそ、神話と歴史を共有することの重い意味があったが、時とともに、その内容に若干の変異が生じるのは当然の成り行きであった。

要するに、『記』・『紀』に収斂《しゅうれん》する神話と歴史は、仏教以前から王権への結集において機能していたのであり、律令制成立期の創作や完成ではありえない。新しい時期に創作しても、それが王権神話として機能しえたか、疑問が大きい。

壬申の乱に勝利し、実力で位に即《つ》いた天武天皇が、なぜ、仏教による統合を基軸とする支配体制を捨てて、高天原神話を創作して、天皇中心の統合論理を作らなければならないのか合点《がてん》がいかない。天武天皇に必要だったのは、細かな部分で生じてきた帝紀や旧辞の差異を統一することであったが、多くの一書を採録したまま、削偽定実《さくぎていじつ》を達成していない神代紀の実態を思うべきである。

『記』・『紀』神話の成立時期

『記』・『紀』神話は、天皇の支配を正統化するために天武朝から持統朝に新たに創作、完成されたものであるとする理解が、研究者間にも広く受け入れられているが、はたしてそれでよいのだろうか。

たとえば、天武天皇四（六七五）年四月に創祀されたことが明白な国家祭祀がある。

それは広瀬大忌祭《ひろせのおおいみのまつり》と龍田風神祭《たつたのかぜのかみのまつり》であり、大和国広瀬郡鎮座（現・奈良県北葛城郡河合《かわい》町川合《かわい》）の式内名神大社である広瀬坐《ひろせにいます》和加宇加乃売命《わかうかのめのみこと》神社と、大和国平群郡鎮座（現・同県生駒郡三郷町立野《たつの》）の式内名神大社である龍田坐《たつたにいます》天御柱《あめのみはしら》国御柱《くにのみはしら》神社の祭祀である。これ以降、四・七月の重要な国家農業祭祀となるが、両神社の祭神が『記』・『紀』神話に登場、活躍することはまったくない。

また、式内大社で大和国高市郡鎮座の宗我坐《そがにいます》宗我都比古《そがつひこ》神社（現・奈良県橿原《かしはら》市曽《そ》我《が》町）は、六世紀の宣化天皇の時から大臣として権力をふるった蘇我氏の奉斎した神社である。しかし、その祭神と見られる宗我都比古について、蘇我氏の活躍にもかかわらず、右と同様である。

さらに、『記』・『紀』神話には、各氏族の祖神と位置づけられる神々も登場するが、そうした氏族の意向と無関係に、天武天皇と彼を取り巻く一握りの人たちだけで新しい神話を創作することが可能であっただろうか。本来、古伝であるがゆえに価値が認められる神話が、天武朝に創作したとしても、時の社会で価値や権威を認められたであろうか。また、どのようにしてそれが社会に知らされたのであろうか。

これらのことは、古代社会における実際問題として考えなければならない。そもそも、仏教だけでなく宗教的儀礼や儀式が、自己主張・自己顕示の機会であると同時に、人々を結集させる機能が備わっていることは、今日でも経験するところである。仏教受容後に、王権や天皇が主催する仏教儀礼を通じて君臣の結合が進められたことがあったろうが、それは儀礼が本来的に有している機能である。

また、天武天皇は、天武天皇二（六七三）年十二月に百済大寺の法灯《ほうとう》を継ぐ高市大《たけちのおお》寺《でら》（大官大寺《だいかんだいじ》の前身）を建立し、同五年十一月には四方《よも》の国に使者を派遣して金光明経《こんこうみょうきょう》と仁王経《にんのうきょう》を説かせているなど、仏教を軽視していたわけでもない。そもそも、持統天皇即位前紀に、沙門《しゃもん》天渟中原瀛真人《あまのぬなはらおきのまひと》天皇とあるように、天武は出家《しゅっけ》天皇であった。

伊勢神宮の雄略朝《ゆうりやくちょう》創祀説①

国家としては仏教を導入しながら、天皇自身が長らく受容に踏み切れなかった理由は、天皇自身に何らかの宗教的な障壁が存在したからだと考えられる。天皇の祭祀王的側面が強調されることもあるが、仏教受容後の令《りょう》の規定でも、その点では変わりがないから、問題の解明は依然残されたままである。そこで、すこし視点を変えて、天皇の宗教的特質をその祖神信仰の観点から考察してみよう。

天皇と天皇家が、今日に至るまで伊勢神宮に奉斎される天照大神を祖神（皇祖神）として崇敬、祭祀していることは事実であるが、伊勢神宮の創祀（伊勢神宮での皇祖神祭祀）時期およびその神名をめぐっては、必ずしも見解の一致を見るには至っていない。事《こと》はやや複雑であるので、戦後の主な研究を紹介しつつ、問題点の収斂を試みる。

まず、それに先鞭《せんべん》をつけた直木孝次郎《なおきこうじろう》氏の説(87)から紹介しよう。

○伊勢神宮は、元は皇室の氏《うじ》の神《かみ》の社《やしろ》ではなく、伊勢大神は皇室の氏の神ではない。それは、伊勢地方に神威を有する地方的な神である。

○継体以後の斎宮記事を列記すると、酢香手姫《すかてひめ》皇女までは、ほぼ天皇一世代にひとりずつ斎宮が出たことになり、根拠のない作り事とは思われない。皇室が伊勢神宮に特別な崇敬をよせるようになる時期は、六世紀初頭以後、古く見ても五世紀後半の雄略朝頃と推定する。

○それは、伊勢が日の神の霊地と考えられたことのほかに、伊勢神宮も日神を祭っていたことから、日神として皇祖神の天照大神と伊勢大神とが混同され、伊勢神宮は天照大神を祭るとされるに至ったと思われる。

伊勢神宮と天照大神の信仰を歴史的存在、時間の経過により変化する、との視点から論じたことは、当時として斬新な古代史研究であった。太陽神を信仰・崇拝すること、太陽神を祖神として信仰することには、宗教観念や信仰のうえで変化、発展を考えなければならないし、天皇家の祖神信仰も歴史的に形成され、変容していったことも考えなければならない。

ただ、伊勢大神を伊勢の地方神とする考えが成り立たないことは、先に述べたとおりである。

伊勢神宮の雄略朝創祀説②

神話学の視点から、天皇家の太陽神信仰の形成から伊勢神宮の創祀、天照大神の成立の過程を考察した岡田精司《おかだせいじ》氏の説（26）は、今日でも通説とされる。そこで、すこし紙幅《しふく》を割《さ》いて概要を紹介しよう。

まず、天皇家が太陽神信仰を保有する契機については、いわゆる蛭児《ひるこ》神話に注目する。神代紀第四段の伊奘諾尊《いざなきのみこと》・伊奘冉尊《いざなみのみこと》による島生《しまう》み神話の一書第一に、「遂《つひ》に為夫婦《みとのまぐはひ》して、先《ま》づ蛭児《ひるこ》を生む。便《すなは》ち葦船《あしふね》に載《の》せて流《ながしや》りてき」、あるいは同じく第五段の両神による神生《かみう》み神話の本文に、日神大日孁貴《ひのかみおおひるめのむち》（天照大日孁尊《あまてらすおおひるめのみこと》／天照大神）と月神月読尊《つきのかみつくよみのみこと》（月夜見尊《つくよみのみこと》／月弓尊《つくゆみのみこと》）を生んで天に送ったあと、「次に蛭児を生む。已《すで》に三歳《みとせ》になるまで、脚猶《あしなほ》し立たず。故《かれ》、天磐櫲樟船《あまのいはくすぶね》に載せて、風の順《まにま》に放ち棄《す》つ」とある。

この蛭児神話については、松本信広《まつもとのぶひろ》氏の「ヒルコはヒルメ（日女）にたいする名称であり、太陽の子を意味し、これを入れた石樟船《いわくすぶね》がやはり高貴な子をいれてこれを水のためしにあわした神聖な容器を意味しておる」（135）との説を拠《よ》り所《どころ》として、岡田氏は次のように説く。

ヒルコはヒルメ（日女）に対する日子で、太陽の子を意味しており、古い日の御子の神話である。日の御子の神話には、母神《ははがみ》＝日の神の妻が見え、日の御子と母神との神話において、天皇氏《うじ》の族長《ぞくちょう》就任儀礼として、来臨する日の御子の精霊と一体化する宗教的行為が行なわれたのである。その宗教儀礼の定期的な繰り返しによって、天皇家の族長を日の御子とする観念が成長し、さらには日神の後裔という思想にまで発展するのである。

蛭児神話に、古い太陽神神話の面影《おもかげ》が見られることは先にも述べたが、それと天皇を日の御子と称えることを結びつけるのには飛躍があり、日の御子の称辞についても先に指摘したとおりである。また、『記』・『紀』神話に存在する複数の異伝を古いものから新しいものへ発展するという、一系的・進化論的に解釈する方法も、のちに述べるように矛盾を内包している。

続いて、伊勢神宮の創祀時期については、岡田氏は次のように述べている。

> 垂仁天皇紀二十五年三月条の「一云《あるにいはく》」に、「丁巳《ひのとみ》年冬十月甲子《きのえねのひ》を取《と》りて、伊勢国の渡遇宮《わたらひのみや》に遷《うつ》しまつる」とある丁巳年は、雄略朝の四七七年にあたり、これが伊勢神宮の成立である。その目的は、専制体制を強化するため、宗教的裏づけとして大王の守護霊を国家的祭祀の対象とすることにあった。歴史的背景としては、朝鮮からの日本の敗退に対する国際的危機が直接的動機となったが、伊勢の度会《わたらい》の地が選ばれたのは、太陽信仰の聖地という宗教的条件が大きな要素であったが、東国《とうごく》経営との関係も無視できない。

伊勢が太陽信仰の聖地であったことに注目する点では、先の直木氏説と通じるが、国際的危機や天皇権力の強化など政治的要因を重視する点で独自性がある。

しかし、垂仁天皇紀に記された丁巳年が、一二〇年も繰り下げた雄略朝の四七七年にあたることは未証明であり、この伊勢神宮雄略朝成立説も論拠が確かではない。

皇祖神《こうそしん》入れ換え説

続けて岡田氏は、天皇家の祖神は元から太陽神であったけれども、それは高皇産《たかみむす》霊神《ひ(び)のかみ》から天照大神に換えられたのであるとして、次のように主張する。

神代紀の天孫降臨神話冒頭のニニギの誕生を述べるところで、皇祖《こうそ》高皇産霊尊《みこと》とあること、同じく第二の一書でタカミムスビの言葉が二カ所で勅《みことのり》と記されていることは、タカミムスビを皇祖に擬《なぞら》えることがあったことを示している。天照大神の独占であるべき皇祖という語で、タカミムスビを表現するのは納得し難いことである。

そして、皇祖神入れ換え説を展開する。

太陽神をめぐる神話も、タカミムスビを主神とする神話であった。太陽神に、男性神から女性神への大転換があった。日神がタカミムスビからヒルメの神に、そして天照大神に変化した。ヒルメの神の成立は古いが、オオヒルメの神が日神と並立する最高神の位置に上がるのは、推古天皇の時代と考えられる。オオヒルメの神を単独の最高神として天照大神と名を変えるのは、天武朝のことである。天照大神の成立は、専制君主による太陽神の独占を意味する。

このように、天皇家の本来の祖神が高皇産霊神から推古朝にオオヒルメ、さらに天武朝には天照大神に変更されたのであるとする。

紙幅を費《つい》やして岡田氏の説を紹介したのは、今に至るまで研究者をはじめ（1、88、124、130、143、150、151など）、一般にも大きな影響をおよぼしているからである。通説化した有力な見解とされるため、ほとんど再検討がなされてこなかった。

ただし、伊勢神宮の地方神昇格説については、岡田氏は「世界史的にみても最高守護神の祭祀は大王の権力の呪的源泉であり、よほど特殊な事情がない限り変更はありえない。大王が地方の弱小土豪の守護神を皇祖神にするようなことは、世界の宗教史のうえでもまったく例をみない」（27）と否定的である。

もっともな見解であるが、「最高守護神の祭祀は……よほど特殊な事情がない限り変更はありえない」という批判は、氏自身にも向けられるべきではないか。

皇祖神入れ換え説と天孫降臨《てんそんこうりん》神話

岡田氏を含め、皇祖神が入れ換えられたとする立場の主な史料上の典拠は、高天原《たかまのはら》（天上界）から葦原中国《あしはらのなかつくに》（地上界）に、天照大神の子の天忍穂耳命《あめのおしほみみのみこと》を天降《あまくだ》らそうとしたところ、天忍穂耳命と高木神《たかぎ》（高御産巣日神《たかみむすひのかみ》）の女《むすめ》万幡豊秋津師比売命《よろずはたとよあきつしひめのみこと》（栲幡千千姫《たくはたちぢひめ》）との間に邇邇芸命《ににぎのみこと》（瓊瓊杵尊）が誕生したので、皇孫の邇邇芸命を天降らせた。

という、天孫降臨神話に求める。

その第一の理由は、岡田氏も挙げるように、神代紀の天孫降臨神話冒頭の瓊瓊杵尊誕生を語る条で、「皇祖高皇産霊尊」と記していることであり、これはタカミムスヒが本来の皇祖神であったことを示している、とする。

第二の理由は、天孫降臨神話の物語展開が、持統天皇→草壁皇子→文武天皇という『記』・『紀』編纂期の王統系譜に酷似していることに求め、天孫降臨神話はこの天皇位継承を正統化するための創作されたもの、もしくはその反映であると解する。

第三の理由は、神代記と神代紀およびその異伝（一書）間において、天孫降臨の命令を下す神（司令神《しれいしん》）についての所伝が一定でないことに求め、おおむね天照大神、天照大神と高皇産霊神、高皇産霊神の三型があるが、命令神がタカミムスヒだけの型が本来的であると主張する。

高皇産霊神《たかみむすひのかみ》から天照大神への交替説

第一の理由から見ていくが、典拠の神代紀第九段を左に記そう。

天照大神の子正哉吾勝勝速日《まさかあかつかちはやひ》天忍穂耳尊《あまのおしほみみのみこと》、高皇産霊尊《たかみむすひのみこと》の女栲幡千千姫《たくはたちぢひめ》を娶《ま》きたまひて、天津彦彦火瓊瓊杵尊《あまつひこひこほのににぎのみこと》を生《あ》れます。故《かれ》、皇祖《みおや》高皇産霊尊、特《こと》に憐愛《うつくしび》を鍾《あつ》めて、崇《かた》て養《ひだ》したまふ。遂《つひ》に皇孫天津彦彦火瓊瓊杵尊を立てて、葦原中国《あしはらのなかつくに》の主《きみ》とせむと欲《おもほ》す。

この記事をよく見てみると、最初に高皇産霊尊が登場した際には、皇祖は冠されていない。『紀』の筆録者にとって、その時点で、高皇産霊尊は未だ皇祖ではないのである。次には皇祖高皇産霊尊と記されているが、これが皇孫瓊瓊杵尊の誕生後であることは、この神に皇祖を冠されたのが皇孫瓊瓊杵尊との関係においてであることは明瞭である。

つまり、娘の栲幡千千姫と天忍穂耳尊の間に瓊瓊杵尊が生まれたことで、高皇産霊尊は皇祖と位置づけられているのである。それは、瓊瓊杵尊の外祖父を尊んで、『紀』の筆録の際に冠された称辞と見るべきであり、ここでのタカミムスヒは単に外戚の立場にすぎないのである(137)。

要するに、皇祖高皇産霊尊の表記をもって、皇祖神が高皇産霊神から天照大神に交替させられたことの痕跡《こんせき》とはできない。

ちなみに、『記』には皇祖の語はなく、『紀』では皇祖の語は固有名詞も含め四〇例を数え、かなり広く用いられている。その中で、神名に冠するのは、右の皇祖高皇産霊尊と、神武天皇即位前紀における八咫烏《やたがらす》を先導に派遣するくだりの皇祖天照大神のみであり、神に関する特別な用例を一般化することはできない。

天武天皇紀十(六八一)年五月条に「皇祖《すめみおや》の御魂《みたま》を祭る」とあることから見て、

皇祖は比較的新しい用語と見られる。持統天皇紀二（六八八）年十一月条によれば、亡き天武天皇の殯宮《もがりのみや》儀礼の最後が、当摩真人智徳《たぎまのまひとちとこ》による「皇祖等《すめみおやたち》之《の》騰極次第《ひつぎのついで》」を誄《しのびごと》することであったが、これが終わってから大内陵《おおうちのみささぎ》に埋葬された。皇祖等之騰極次第とは「古《いにしへ》には日嗣《ひつぎ》と云《まう》す」と註が付されているように、天武天皇を加えた天皇位継承系譜の類《たぐい》と見られる。

このように、皇祖は、天武・持統朝頃から用いられ始めた用語であり、皇祖高皇産霊尊が古来の表記であったとは言えない。したがって、皇祖が冠せられていることをもって、高皇産霊神が本来の皇祖神であったことを示しているとは言えない。

そのことは、神武天皇即位前紀の「我が皇祖天照大神」、神武天皇紀四年二月条の「我が皇祖の霊《みたま》」「皇祖天神《あまつかみ》」などの表記においても同様である。

おそらく、これらのことは天武天皇十年五月の「皇祖の御魂を祭る」ことを含め、天武天皇十年三月の帝紀・上古諸事の記定など、のちの『紀』に結実する歴史書の編纂事業に伴って、系譜観念が高揚したことなどに関連した事柄と推察される。歴史書の編纂事業が自己の系譜意識を強く喚起《かんき》し、皇祖観念を表出させたのであろう。

神の系譜と天皇の系譜

神の系譜と天皇位の継承次第の類似は、持統天皇の系譜的位置が神話に反映したのではなく、すでに存在する神話上の天照大神に持統天皇を擬《なぞら》えようとする意図があり、高天原広野姫《たかまのはらひろのひめ》という持統天皇の諡号にそれが投影していると見る、反対説もある(8)。

天孫降臨神話の物語の展開と七世紀末の王統系譜の類似について、まったく逆の理解も可能であり、反映説の限界を示している。

つまるところ、こうした安易な反映説(モデル論)には賛同できない。

たとえば、持統天皇→草壁皇子→文武天皇と、天照大神→天忍穂耳命→邇邇芸命の継承次第は、一見似てはいるが、本質的位置づけはまったく違う。邇邇芸命は天降るけれども、地上界において王として君臨して事績を残したというわけではない。邇邇芸命のあとは、日子穂穂手見命《ひこほほでみのみこと》→鵜葺草葺不合命《うがやふきあえずのみこと》と継承され、初代天皇神武《じんむ》に至るわけだから、邇邇芸命は単なる中継ぎにすぎない。

それよりも、神武天皇が天照大神の五世孫に位置づけられることを重視するべきであり、理解を悩ませてきた天孫降臨神話と神統譜の形成も、このような神武天皇の系譜上の位置づけにかかわるのではないかと思われる。

天孫降臨神話の司令神《しれいしん》

皇祖神入れ換え説の最大の論拠は、天孫降臨司令神についての所伝が多様であることである。天孫降臨神話の司令神がまちまちであるということは、神代紀に多くの異伝（一書）が載録されているということでもある。

そこで、その関連所伝を一覧にしてみた（図表5）。問題は、これをどのように理解するかである。

三品彰英《みしなあきひで》氏は、神代紀に多くの異伝が収録されているのは『紀』編者の「著《いちじる》しく研究的な」態度であり、「独断的な撰述を避け、古伝《こでん》をあるがままに尊重したかを如《じつ》実に示すものであり、……異伝発生の過程の省察によって、その背後にひそむ歴史をよりよく透視し得る」として、次のように主張する。

○司令神がタカミムスヒノ神、降臨神がホノニニギノミコトであり、ニニギノミコトが真床追衾《まとこおうふすま》で覆われた姿で降臨する、『紀』本文と一書第六が原古《げんこ》的に観想《かんそう》された古い所伝である。

○司令神がアマテラス大神もしくは同神とタカギノ神で、降臨神がアメノオシホミミノミコトとホノニニギノミコトであり、天孫の容姿に特別な記載はない、『紀』第一の一書と『記』は律令国家段階に展開した新しい所伝である（141、142）。

すなわち、『記』・『紀』の天孫降臨神話の司令神関連の所伝にかぎってではあるが、時間の経過にしたがって生じた新旧の所伝、時代的変容と解したのである。

しかし、一書は神代紀の各段にわたって載録されていて、第五段では十一を数える。さらに、これら複数の一書が時間の経過に沿って生じた新旧の異伝であると位置づけてよいか明証はなく、天孫降臨の司令神についても高皇産霊神から天照大神に変化したと解することが妥当であるかについて、確かな証拠は存在しない。

また、天孫降臨神話以外の、ウケヒ神話や天石窟戸《あまのいわやと》神話では、天照大神は常に素戔嗚尊と対で語られるが、皇祖神入れ換え説では、これをどのように説明するのだろうか。

図表5 天孫降臨《てんそんこうりん》神話における神々

	降臨司令神	降臨する神	降臨の際の容姿	降臨地	随伴する神々	神器《じんき》の授与
『日本書紀』本文	タカミムスヒ	ニニギ	真床追衾《まとこおうふすま》で被《ひ》覆《ふく》	日向《ひむか》襲《そ》之《の》高千《たかち》穂峯《ほのたけ》		
『日本書紀』一書《あるふみ》第一	アマテラス	オシホミミ→ニニギ		日向《ひむかの》高千《たかち》穂《ほの》槵《くし》触《ふる》之《の》峯《たけ》	五部神《いつとものおのかみ》	三種宝物《みくさのたから》
『日本書紀』一書第二	アマテラス・タカミムスヒ	オシホミミ→ニニギ		日向《ひむかの》槵日《くしひの》高千《たかち》穂《ほ》之《の》峯《たけ》	アメノコヤネ・フトダマ・諸部神《もろとものおのかみ》	宝鏡《たからのかがみ》
『日本書紀』一書第四	タカミムスヒ	ニニギ	真床覆衾を裏《き》せる	日向《ひむか》襲《そ》之《の》高千《たかち》穂槵日二上峯《ほのくしひのふたかみのたけ》	アメノオシヒ・オオクメ	
『日本書紀』一書第六	タカミムスヒ	ニニギ	真床覆衾を裏せる	日向《ひむか》襲《そ》之《の》高千《たかち》穂添山峯《ほのそほりのやまのたけ》		
『古事記』	アマテラス・タカギ	オシホミミ→ニニギ		日向《ひむか》之《の》高千《たかち》穂《ほ》之《の》久士布流多《くじふるた》気《け》	五伴緒《いつとものお》	八尺勾璁《やさかのまがたま》・鏡《かがみ》・草那芸剣《くさなぎのつるぎ》

疑問が氷解しないにもかかわらず、天孫降臨神話や皇祖神について、おおむね右の説にしたがって理解されてきたところに、この研究が隘路《あいろ》に陥っている原因がある。

そもそも、『紀』編者が多くの異伝を載録したのは、はたして編者の著しく研究的な態度に由来するもので、彼らが独断的な撰述を避け、古伝をあるがままに尊重したからであろうか。

『紀』編纂時にそうした研究的・合理的精神が存在していたとは、とうてい考えられない。『紀』編者には、本文を確定しながらも、なお異伝を切り捨てることができない、別な歴史的事情があったと見なければならない。

司令神が複数存在する理由①

新しいがゆえに権威を獲得することが皆無とは言えないが、皇祖神信仰はそれとは性格を異《こと》にし、伝統を重視する傾向が強い。新しく導入された皇祖神が権威を獲得するには、時間が必要なだけでなく、そうした改変が王権の成員に何の抵抗もなく容認されたか、また天皇の宗教的権威となり得たかなど、疑問が大きい。

たとえば、『新撰姓氏録』によると、タカミムスヒは、大伴氏や斎部《いんべ》（忌部）氏をはじめ、神別《しんべつ》氏族四〇二氏中《し》の一一三氏の祖神と位置づけられているが（154）、はたして天皇家と一一三の氏族が、同じ神を祖神として崇敬していた時期を想定することができるであろうか。そのことで、天皇家の宗教的聖性や権威を保持することが可能であったか、疑問に思われる。

皇祖神入れ換え説には、タカミムスヒ・カミムスヒが『記』では高御産巣日神・神産巣日神と神名表記に日を含むことから、日神の霊格を中心としていたとの見かたが影響している向きもある。

しかし、『記』編纂に際して「皇統につながる神に日の字を使用する方針があった」（43）とすれば、『記』の高御産巣日神という表記から、タカミムスヒが本来的に日神の神格を核としていたとは言えない。

また、海洋性の強い伊勢大神と農業神的なタカミムスヒとは、どう見ても別の神格であり、まったく同じ神であったなら、天孫降臨神話で二神が相並《あいなら》んで命令を出すという必要もない、といった批判もある（133）。

さらに、タカミムスヒが朝廷の神祇官《じんぎかん》の神殿で祭られ、『新撰姓氏録』では多くの神別氏族の祖神とされたのは、その神話が朝廷を構成する諸氏族共同の農業守護神にかかわるものであったからである。アマテラスは伊勢の太陽神を取り込んで形成されたものではなく、王家の祭祀の中で成長してきた神格である、という批判もある(56)。要するに、神格の異なる二神が入れ換わることはありえないということである。

王権発祥の根幹にかかわる神話が、細部はともかく、中心をなす神が一部の人々の思惑《おもわく》だけで、天武朝末年から持統朝頃に恣意的な改変や創作が許容されるような情況にあったとは、とうてい考えられない。

そうした作為でもって、天皇が宗教的な威信と正統性を保証するに足る聖性、権威をはたして獲得できたか、はなはだ疑問である。

司令神が複数存在する理由②

天孫降臨の司令神が多様であることは、関連する所伝が多様であることにかかわる。神代紀第九段には、本文のほかに異伝（一書）が八種あり、本文は『紀』編者の筆としても、これに神代記を加えれば、すでに筆録された九通りの天孫降臨神話が存在したことになる。その細部には違いがあるものの、降臨するのはすべて皇孫である。

また、神代紀第五段の伊奘諾尊《いざなきのみこと》・伊奘冉尊《いざなみのみこと》による三貴子《さんきし》誕生神話では、異伝は第十一まであるから、神代記を合わせれば、少なくとも十二種の所伝が存在した。神代記と神代紀の異伝が同じか否かということもあるが、異伝が筆録されたものであったことは確かである。

しかし、帝紀・旧辞に、多くの異伝が併存している状況こそが、歴史の実態を示していると解するべきである。

それは、太安万侶が『記』序文で、天武天皇の言葉として、

朕《われ》聞く、諸家《もろもろのいへ》の賷《もた》る帝紀及び本辞、既《すで》に正実《まこと》に違《たが》ひ、多く虚偽を加ふと。今の時《よ》に当《あた》りて、其の失《あやまり》を改めずば、未だ幾年をも経《へ》ずして其の旨《むね》滅《ほろ》びなむとす。

と記した実態でもある。

このことにしたがうならば、天武天皇の時には、すでにそれらは記録として存在しており(148)、内容にすこしずつ違いが生じていたのである。

先に引いた、欽明天皇紀二年三月条の皇子・皇女系譜記事に施された分註からも、帝紀や旧辞には、内容や表記・表現の若干異なるものが複数併存していたことが知られる。

そのことは、天武天皇十(六八一)年二月の浄御原令の編纂開始、同年三月の帝紀・上古諸事の記定、翌年三月の新字《にいな》一部四十四巻の制定などからも傍証される。

つまり、この時に律令や歴史書の編纂事業を開始したものの、特に後者において原史料とされた複数の帝紀や上古諸事(旧辞)には古字が多くて理解が容易でなかったうえに、諸本により用字や表記も異なっていたために、新字を定めて表記・表現の統一を図ったと見られる。

さらに、内容が同じならば、『紀』編者は異伝として載録しない方針だったようであるから、実際には、さらに多くの原史料が編者の手元に蒐集《しゅうしゅう》されていたであろう。このことを神代紀全体に敷衍《ふえん》すれば、相当に多くの異伝が併存していたということであり、これは内容が新しいとか古いとかで片づけられる問題でないことは明瞭であろう。

なお、天武朝の浄御原令の編纂開始と帝紀・上古諸事の記定、養老年間の律令編纂の開始（七一八年）と『日本書紀』の完成など、法と歴史書の編纂が、ほぼ同時期に並行して進められていることにも、留意しなければならない。このことは、歴史と法が国家・社会の基本的な秩序であるとする、古代的観念にもとづく営為《えいい》であることを示している。

問題は、細部に小異《しょうい》が存在しても基本的な展開がほぼ等しい神話伝承が、多く存在していたという当時の社会的、歴史的な状況をどのように説明するかということである。

これは、古代国家のありようを理解するうえで重要なことであり、古代国家の形成過程、古代王権の実態ともかかわる問題でもある。そこからは、天皇に倭国の権力が収斂していく要素が、武力征服によるものだけではなかったことが読み取れる。

氏族が内容の共通する神話・歴史を共有することで、王権の成員間に自覚と自負、帰属意識が醸成され、天皇の下《もと》に結集するのである。ただし、等しい神話・歴史を共有するといっても、意識や出自の違いによって、氏族間で内容に若干の差異が生じてくるのは必然である。時間の経過によっても変容が生じたであろうが、物語の基本的な展開が大きく変更されることはなかったものと考えられる。

要するに、神代紀に載録された複数の異伝は、所伝の時間的な新旧を示しているのではなく、内容の違いは、元の保有者の差異に由来する。

天照大神は Great Glorious Goddess

連合政権的段階にあった古代王権にあっては、祭祀王でもある天皇を戴《いただ》いた時点で、その主要な構成員らは、共通の神話・神統譜と歴史・天皇系譜を共有したと思われる。また、そのことが、王権の成員であることの必須の条件でもあったと考えられる。

神代紀に多くの異伝が載録されていることや、王権の主要成員である多くの氏族が系譜を共有することなどは、こうした王権古来の実態に由来する。

神代紀に多数の異伝が載ることについて、「所伝の新旧を配列したものではなく、異なる氏族の所伝を記載したものである。（天孫降臨の司令神に）天照大神が登場する伝承は天皇家に近い立場からのものであり、タカミムスヒが登場する話はそれから距離のある立場の伝承である。氏族間の伝承の相違を歴史的時間差に置き換えるのは、問題がある」という批判は、至当である。加えて、天照大神という神名について、「天照は太陽を意味する語であり、天照大神は一般的な名称である。これは、この神の諱《いみな》は伏せられるべき特別の存在であるということであり、天照大神の諱は表れない、特別扱いである」と説く(69)。

ちなみに、天照大神という神名については、

天照というのは、他の例にも「あまてる」「くにてる」「しなてる」などとあるのや、また「たかひかる」などとも類を同じく、すぐれた姿をたたえる語である。天照大神という名の示すところは、むしろ大神という点にあり、大神の至高なる性格をたたえて天照とも称したのである。この意味からすると、天照大神はこれまで一般にいわれたように、その内容がSun-Goddess（筆者註・太陽女神）と訳

されるべきものではなしに、Glorious-Great-God（同・光り輝く偉大な神）であり、Great Glorious Goddess（同・偉大な光り輝く女神）というのがその真意でなくてはならない。この大神の信仰は、特に個性の強い神の信仰とは違い、至上神Highest God的なものである。

という原田敏明《はらだとしあき》氏の説明（106）が、もっとも理にかなっている。

いずれにしても、天孫降臨神話で司令神の名が安定的に見えないことを論拠に、皇祖神が意図的に入れ換えられたと主張することはできない。

石上神宮の神宝《しんぽう》が示す、古代天皇の本質

古代の天皇が帯《お》びていた宗教性については、大和国山辺郡に鎮座する式内名神大社の石上坐布都御魂《いそのかみにいますふつのみたま》神社（石上神宮／現・奈良県天理市布留《ふる》町。写真6）の性格と、その収蔵品の意味からあきらかにできる。『記』・『紀』には石上神宮と見えるが、『記』で神宮を称するのは伊勢神宮と石上神宮のみである。

『紀』でも、例外的な式内名神大社の大神《おおみわの》大物主《おおものぬし》神社（大三輪《おおみわ》神社／現・奈良県桜井

写真6　石上《いそのかみ》神宮

主祭神は布都御魂大神《ふつのみたまのおおかみ》。物部氏が祭祀を担い、七支刀《しちしとう》(国宝)などを収蔵

市三輪《みわ》)の一例と式内名神大社の杵《き》築《づき》大社(出雲大社/現・島根県出雲市大社《たいしや》町)の二例を除けば、神宮と記されるのがこの二神社だけであることからも、その重要さが知られる。

石上神宮については、神社の性格や物部連《もののべのむらじ》・物部首《もののべのおびと》ら祭祀を担った氏族、さらに蘇我氏との関係など、多くの問題がある。それらは本書の主題から外れるので割愛し、ここでは、天皇の宗教性との関連についてのみ述べる。

石上神宮の特徴の第一は、泰和《たいわ》四(三六九)年に、中国の晋《しん》から百済に下賜《かし》された、他に例を見ない貴重な七支刀《しちしとう》（国宝）をはじめ、天皇が納めた多くの器仗《きじょう》・神宝が収蔵されていることである。なかでも、象徴的なのは七支刀で、そこに刻《こく》された金象嵌《きんぞうがん》の銘文《めいぶん》と神功《じんぐう》皇后紀五二年九月条の記事から、三七二年に百済から関係強化の記念に倭国へ贈与されたものと見られる（150）。

古代史料に見える主な収納関連記事を次に掲げるが、これを一目すれば、石上神宮は王権の武器庫で、物部連がその氏神を奉斎した神社であるという一般的な説明（28）があたらないことは明白である。

①蛇之麁正《おろちのあらまさ》【素戔嗚尊《すさのおのみこと》が八岐大蛇《やまたのおろち》を切った剣】（神代紀第八段一書第二「此《こ》は今《いま》、石上に在《ま》す〈ただし、備前《びぜん》国赤坂《あかさか》郡の式内社の石上布都之魂《いそのかみふつのみたま》神社ヵ〉」）。

②布都御魂《ふつのみたま》【熊野で悪気にあたり活力を喪失した神武の一行を救った刀】（神武天皇記「此《こ》の刀は、石上神宮に坐《いま》す」）。

③剣《つるぎ》一千口【川上部《かわかみのとも》・裸伴《あかはだがとも》とも言う。五十瓊敷命《いにしきのみこと》が茅渟《ちぬ》の菟砥川上宮《うとのかわかみのみや》で作らせた。忍坂邑《おしさかのむら》から石上神宮に移す】（垂仁天皇紀三十九年十月条）。

④八尺瓊勾玉《やさかにのまがたま》【丹波国桑田《くわた》村の人、甕襲《みかそ》の犬が山獣《やましし》の牟士那《むじな》を咋《く》い殺して得る】

(垂仁天皇紀八十七年二月条「是《こ》の玉は、今《いま》石上神宮に有り」)。
⑤新羅の王子天日槍《あめのひぼこ》が将来した神宝《かんたから》【羽太玉《はふとのたま》・足高玉《あしたかのたま》・鵜鹿鹿赤石玉《うかかのあかしのたま》・日鏡《ひのかがみ》・熊神籬《くまのひもろき》・小刀《かたな》】(垂仁天皇紀八十八年七月条／『釈日本紀』巻十所引天書《あまつふみ》に「石上神宮に蔵《おさ》めしむ」)。
⑥諸家の宝物《たからもの》【諸氏族に神宝を返却】(天武天皇紀三(六七四)年八月条「忍壁《おさかべ》皇子を石上神宮に遣《まだ》して、膏油《かうゆ》を以《もつ》て神宝を瑩《みが》かしむ。即日《そのひ》に、勅《みことのり》して曰《のたま》はく、『元来《はじめより》諸家の、神府《ほくら》に貯《つ》める宝物、今皆其《そ》の子孫《うみのこ》に還《かへ》せ』とのたまふ」)。
⑦器仗《きじょう》・神宝【石上神宮神宝の移動】(『日本後紀』延暦二十三(八〇四)年二月条「大和国の石上社の器仗を山城国葛野《かどの》郡に運収《うんしゅう》す」・同延暦二十四年二月条「……石上神社に兵仗《ひょうじょう》を返納せしむ」・「昔来《むかしよりこのかた》、天皇の其の神宮に御《おは》して、便《さら》に宿収《しゅくしゅう》する所なり。……歴代の御宇《あめのしたしらしめす》天皇、慇懃《いんぎん》の志《こころざし》を以て送納《そうのう》する所の神宝なり」)。
⑧石上神宮の鑰《かぎ》と匙《からかぎ》は朝廷が管理【石上神宮は朝廷の神社】(持統天皇紀六(六九二)年九月条「神祇官、奏《まう》して神宝書四巻・鑰九箇《ここのつ》・木印一箇《きのおしてひとつ》を上《たてまつ》る」

『延喜臨時祭式《りんじさいしき》』「凡《おほよ》そ石上社の門の鑰《かぎ》一勾《こう》・匙《からかぎ》二口《く》は、官庫に納めよ。祭に臨《のぞ》み、前《さき》だちて官人《かんじん》・神部《かんべ》・卜部《うらべ》各一人を遣わして、門を開き掃除して祭に供《そな》えよ。自余《じよ》の正殿幷《なら》びに伴《とも》・佐伯《さえき》の二殿の匙各一口は、同じく庫に納めて輙《たやす》く開くことを得ず」)。

今、右史料のすべてにわたって論及することはできないが、目下《もつか》の課題に即《そく》してすこしだけ述べておこう。

まず、⑦からは、石上神宮に収蔵される大量の器仗・神宝は、古来天皇自らが丁重に収納してきたものであること、平安宮《へいあんきゅう》のある山城国葛野郡に移動させようとしたことから、それは天皇とともに存在するべきと観念されていたことが理解される。ただし、当時、石上神宮の祭祀を担っていた布留宿禰《ふるのすくね》（元の姓は物部首）氏らの反対にあって、事《こと》をはたせず、元に戻しているのは、石上神宮の在地化進行を物語る。

⑧の持統天皇紀六年九月条は、具体的にはあきらかではないが、石上神宮の神宝や蔵の管理にかかわることと推察される。『延喜中務式《なかつかさしき》』監物《けんもつ》および典鑰《かぎのつかさ》条によれば、朝廷の諸司の蔵庫の鑰《かぎ》と匙《からかぎ》は原則、中務省《なかつかさしょう》の典鑰が保管・管理にあたり、内《く》

蔵寮《らりよう》の蔵と兵庫《ひようご》を除き、中務省監物を介して使用することができた。石上神宮の鑰と匙を朝廷が管理していたことは、石上神宮と神宝を収めた蔵が、朝廷の直轄であったことを示している。

もっとも注目されるのは、⑥の天武天皇三年八月に忍壁皇子に石上神宮の神宝を膏油（動物性の脂《あぶら》）で磨《みが》かせたうえ、それらを元の所有者の子孫に返還させていることである。

これについては、すでに先学の研究があり、石上神宮に収蔵された大量の器仗・神宝は、元は地域の豪族らが宗教的権威の象徴として保持していた呪宝《じゆほう》・神器《じんき》の類であり、王権・天皇への服属の証《あかし》として献上されたものであった。

天皇がそれらの神宝を保有しているかぎり、豪族の服属は保証され、王権の安定を保つことができると信じられたのである。同時に、呪的霊力を内包する神宝を丁重に祭ることも天皇の重い責務であって、それには物部連氏、のちには物部首（布留宿禰）氏が任じられた。

石上神宮の神府に収蔵した神宝を、天武天皇三年八月に諸家の子孫に返還させたのは、天武天皇の王権がそうした性格の神宝保有を継続することが不必要になったことを示している（62、132、134）。

　要するに、石上神宮に収蔵される神宝の多くは、諸地域の豪族から服属の証に献上されたものであり、本来は、彼らの権威を宗教的に保証する霊的威力に満ちた宝器であった。天皇は、それらを保有するかぎり、諸豪族を呪術宗教的意味において、永続的に支配することが可能と信じられたのである。だから、それは丁重に祭られなければならなかったのである。

　しかし、壬申の乱を実力で勝ち抜いた天武天皇と、かつて自らの神宝を献上した諸豪族間との実力の差は歴然であった。諸豪族が服属の証に差し出した神宝を保有することで支配と統一を貫徹する時代が終了したことはまちがいない。

　天武天皇政権は、呪術宗教的権威に依拠した段階を脱したと位置づけられよう。呪的な性格を持つ神話を創作し、あるいは皇祖神を入れ換えて正統性を主張する必要など、さらさらなかったのである。

　ひるがえって言えば、壬申の乱以前の王権と天皇は、呪術宗教的要素の強い存在であったということである。

伊勢神宮の創祀時期

伊勢神宮の創祀については、先に述べた斎宮任命記事から六世紀代には存在していたのではないかと思われるが、確証はない。少なくとも、七世紀中頃にはすでに存在していたと見られるので、最後に述べておこう。

まず、斉明天皇紀五（六五九）年是歳条《このとし》の、次の記事を見てみよう。

出雲国　造《くにのみやつこ》に命じて、神《かみ》の宮《みや》を修厳《つくりよそ》はしむ。狐《きつね》、於友郡《おうのこほり》の役丁《えよほろ》の執《と》れる葛《かづら》の末を嚙《く》ひ断《た》ちて去《い》ぬ。又《また》、狗《いぬ》、死人の手臂《ただむき》を言屋社《いふやのやしろ》に嚙ひ置けり。

これは、出雲国造に出雲の「神之宮」修厳《しゅうげん》を命じたという内容であり、一見、伊勢神宮とは無縁のようだが、間接的に伊勢神宮における天照大神の奉斎を語っている。

ただし、神之宮が出雲国出雲郡鎮座の式内名神大社の杵築《きづき》大社（出雲大社）か、それとも同国意宇《おう》郡鎮座の式内名神大社の熊野坐《くまのにいます》神社（現・島根県松江市八雲《やくも》町）か、また狐や狗（犬）による変事が何を示唆しているのか、という問題がある。

なお、熊野坐神社は、『出雲国風土記』には熊野大社とあり、祭神は新任の出雲国造が朝廷に出向いて述べる「出雲国造神賀詞《いずものくにのみやつこのかむよごと》」において、加夫呂伎《かぶろき》熊野大神と称えられる櫛御気野命《くしみけののみこと》であろう。元来、意宇郡を本貫とする出雲臣《いずものおみ》（出雲国造）氏の奉斎した神社である。

さて、右の問題については、以下のように考える。

◯先の項でも触れたが、『紀』において神宮《しんぐう》（神之宮）と記されるのは、伊勢：九、石上：五、杵築：右も含め二、大神《おおみわ》：一、『記』では伊勢：四、石上：三であり、いずれも王権・天皇家と特別な関係にある神社のみである。

◯この神之宮を、意宇郡の人夫を使役して修厳させていることから、意宇郡の神社に比定する向きもあるが、熊野坐神社が杵築大社（大己貴神《おおなむち》／大国主神）以上に扱われたことはない。

◯神代紀第九段一書第二からあきらかなように、杵築大社の神殿は王権が修造するものであり、出雲国造はその祭祀を担うよう指令されたのである。つまり、杵築大社における大己貴神の祭祀は、王権による祭祀であり、斉明天皇五年の神之宮の修厳は、そのために王権が出雲国造に命じたものである。

○狐が意宇郡の人夫が準備した葛を噛みきって逃げ、狗が死人の腕を噛み取って言屋社《やのやしろ》（式内社の揖夜《いうや》神社／現・島根県松江市東出雲町《ひがしいずもちょう》）に置いたというのは、出雲郡に鎮座する杵築大社の修厳に、意宇郡の人々が駆り出されることへの反発を意味している（35）。

要するに、斉明天皇五年の神之宮の修厳が新造か、それとも修理か、またその意図は何であったのかなどは明瞭でないけれども、この時には、すでに杵築大社の神殿が存在し、出雲国造による大己貴神の祭祀が執り行なわれていたことは確かである。

当然、その前提として、大己貴神が王権から立派な神殿を修築されて厳《おごそ》かに奉斎されるという神話、いわゆる国譲《くにゆず》り神話も語られていたことはまちがいない。もちろん、それには国を譲るべき相手、天照大神とその裔《すえ》（天孫）の神話も、不可欠である。国を譲る神の神殿が存在するのに、国を譲られる神の神殿が存在しなかったとは考えられない。

したがって、斉明天皇五年には、杵築大社だけでなく、天皇家が天照大神を祖神として奉斎し、そのための神社もすでに存在したと見てよい。かつ、それは伊勢神宮以外には想定し難い。

そのことは、延暦二十三（八〇四）年、伊勢大神宮司が神祇官に提出した『皇大神宮《こうたいじん》儀式帳《ぐうぎしきちょう》』に、孝徳朝（六四五〜六五四年）に度会《わたらい》・多気《たけ》に神郡《しんぐん》（神評《かみのこおり》）を置いたとあることからも傍証される。神郡とは、特定神社の神域《しんいき》であり、徴収される税は神社の諸費用にあてられた。

神郡設置は神社の存在が前提であり、この時には、天照大神を祭る伊勢神宮が存在していたことは確かであって、この点からも、伊勢神宮の天武・持統朝創祀説や皇祖神の入れ換え説には同調できない。

終章 なぜ、天皇は存在したのか？

天皇の存在理由

当初は、天皇が仏教信仰を受容できなかった問題を契機として、天皇の宗教的性格とその本質について、これまでとは異なる視点から考えてみた。

律令制施行以前の倭国では、天皇の代替わりごとに、王権を構成する群臣による新天皇の推戴《すいたい》と新天皇による群臣の職位認定が行なわれていたが（161）、このことは君臣関係における双務《そうむ》的性格と、群臣層の王権への帰属意識が強いものであったことを物語る。

それゆえ、天皇の代替わりごとに、改めて群臣による政治上の重要課題を審議することが恒例であったのであり、天皇や大臣の仏教受容問題も議題となったのである（41、42）。

また、当時の天皇は倭国の政治的、宗教的秩序をその姿で表わす存在と観念されていたが、この観念のもとでの天皇の代替わりは、古い秩序をすべて新しいものに更新し、社会全体が活力に満ちた新しい世界が出現すると幻想された。

その支配する世界の政治的、宗教的秩序を体現していると観念された天皇は、世俗の時空である昼間に金色《こんじき》に輝く像を礼拝《らいはい》するという、従前の神祇祭祀とはまったく異なる仏教信仰の受容に、容易には踏み切れなかったのも当然である。天皇が祭祀王でもあることの本質は、倭国の宗教的秩序を体現《たいげん》する存在であったということである。

これにかかわり、秋の収穫祭の新嘗《にいなめ》に際し、王殺しや即位の所伝が少なくないことから、「大嘗祭《おおなめのまつり》・新嘗祭は、古い秩序が終わりを告げ、新しい秩序に交替する時点であった。王国の秩序の中心たる王者が出現し、あるいは死ぬ機会であった」(21)という指摘も興味深い。

古代の王者は、社会を成り立たせている世俗的・宗教的な秩序を体現し、旧《ふる》い王者の死亡・新しい王者の即位は、その秩序の更新であると観念されていたのである。

伊勢神宮の神仏分離

このことを史料で示すのは困難であるが、時代は一世紀あまり下るけれども、伊勢神宮における神仏分離の展開が参考になる。奈良時代には、仏教信仰と神祇信仰が習合して、神のための寺院である神宮寺《じんぐうじ》が建立され、神仏習合《しんぶつしゅうごう》が進展するが、奈良時代後半には、それとは反対の動きも伊勢神宮で出てくる。『続日本紀』天平神護《てんぴようじんご》二（七六六）年七月条に、「使《つかひ》を遣《つかは》して、丈六《ぢやうろく》の仏像を伊勢大神寺《おほかみのてら》に造《つく》らしむ」と見えることから、八世紀中頃には伊勢神宮に神宮寺が存在し、神仏習合が始まっていたことが知られる。

同じく宝亀《ほうき》三（七七二）年八月条には、

是《こ》の日、常に異《こと》なる風雨ありて、樹《き》を抜き屋《や》を発《こほ》つ。これを卜《うら》ふるに、伊勢月読神《つくよみのかみ》、祟《たたり》すといへり。……又《また》、度会郡の神宮寺《じんぐうじ》を飯高《いひたか》郡度瀬《わたらせ》の山房《さんばう》に徙《うつ》す。

とあって、伊勢神宮の別宮《べつぐう》である月読神の祟りが原因ということで伊勢国度会郡（現・三重県伊勢市、同県度会郡）の神宮寺を同国飯高郡（現・三重県松阪《まつざか》市）の度瀬山房に移築したとある。

また、宝亀十一年二月条には、

神祇官言《まう》さく、「伊勢大神宮寺、先に祟《たたり》有るが為《ため》に、他《ほか》しき処《ところ》に遷《うつ》し建てたり。而《しか》るに今、神郡《しんぐん》に近くして、その祟未《いま》だ止《や》まず。飯野郡を除く外の、便《たより》ある地に移し造らむことを」とまうす。これを許す。

とあり、神郡に近いとの理由で、さらに同国飯野郡の外に移している。仏教信仰に深く傾斜した称徳《しょうとく》天皇が亡くなり、宝亀元年に光仁《こうにん》天皇が即位すると、伊勢神宮において、神仏の分離が進められたのである。

これは僧道鏡《どうきょう》の重用《ちょうよう》に象徴される称徳朝政治への反動であるだけでなく、「仏教を庇護する者が王者にふさわしいとする仏教的論理による皇位継承が否定された」ことを踏まえた、皇祖神を祭る伊勢神宮における政府の神仏分離策と解するべきであろう(29)。

伊勢神宮はいち早く神宮寺を創建したけれども、神仏分離も早かった。このことは伊勢神宮でも、天皇と仏教の関係が強く意識されていたことを物語る。天皇が仏教信仰を受容しなかったのは、天皇自身の内《うち》に存在した。

さらに、六月と十二月の一日から九日まで、むこう半年の天皇の安否を卜《うらな》う「御《おお》体御卜《みまのみうら》」が行なわれていたのも参考になる。

宝亀三年にはじめて史料に見えるが、その原初的祭儀は、七世紀後半までさかのぼる。天皇の安否が卜われなければならなかったのは、それが国家の安全につながることであり、天皇がその秩序を体現していると観念されていたからである。

古代天皇の宗教的秩序の体現について言えば、そこには支配層を結集（王権を形成）させる宗教的秩序の核として神話と歴史の共有、共通の儀礼として神祇祭祀と喪葬儀礼、それらに由来する王権への帰属意識と、その中心に坐《いま》す天皇、という伝統的観念の存在が想定される。

すなわち、天皇が仏教信仰の受容に踏み切れなかったことの背景には、それにより、王権の宗教的な秩序と紐帯《ちゆうたい》が崩壊することに対する強い危惧《きぐ》が存在したと考えられる。

宗教思想面での天皇の存在基盤は、在来の神祇信仰にもとづく宗教的権威にあり、天皇が積極的に仏教信仰を受容することは、自身の拠《よ》って立つ基盤を揺るがすことになりかねないと考えられたのである（126）。

〝血〟の論理

古代の天皇は、祭《さい》・政《せい》、聖《せい》・俗《ぞく》両面の権威と秩序を体現する存在であった。天皇が宗教的秩序を体現し、それが政治的地位も保証するものであったことの基底には、〝血〟の論理以外にありえない。

歴史的な事実か否かは別にして、共有の観念、幻想としてそうした系譜意識が遅くとも五世紀後半に存在したことは、埼玉県行田市稲荷山古墳出土の鉄剣の金象嵌銘《きんぞうがんめい》に見える、意富比垝《おおひこ》から乎獲居臣《おわけ》に至る「其児《そのこ》」で結ばれた八代の系譜が雄弁に語っている。

継体天皇即位前紀によれば、武烈天皇で五世紀の王統が断絶した際、まず丹波から仲哀天皇五世孫の倭彦《やまとひこ》王を迎えようと試みたが拒否され、次に応神天皇五世孫の男《お》大迹《ど》王を越前から迎えて即位したのが継体天皇であるという。

それぞれの天皇五世孫の史実をあきらかにするのは困難であるが、五世孫という遠い関係であっても、そこに〝血〟を重視する姿勢が貫かれていることこそ重要である。

それは、天皇として位に即《つ》くうえで、もっとも重要で不可欠の条件であったことはまちがいない。いわゆる天孫降臨神話創作説に関しても、持統天皇から文武天皇への天皇位継承は、この〝血〟の論理にもとづいて行なわれているのだから、ことさらそれに類似した神話を新たに創作して、そこに正統性を求める必要性など、まったく存在しなかったと言える。

おわりに

筆者は特定の信仰を持たない不信心者であるが、太平洋戦争後の宗教色が非常に希《き》薄《はく》な日本は、社会主義国以外では特異である。こうした社会で育った我々が、世界の半分は宗教的時空であると観念していた古代の人々の内面に迫ることは、きわめて難しいことになった。

天皇の宗教的性格と言えば、戦前の教育や社会に大きな影響を与えた、万世一系《ばんせいいっけい》の天皇親政とその歴史の精華を理想とする皇国史観《こうこくしかん》の亡霊が蘇《よみがえ》ったのでは、と感じるかもしれないが、けっしてそうでないことは本書の内容から諒解されると思う。

また、マルクスとエンゲルスによって確立された、社会の形成は生産様式に規定され、生産力と生産関係の矛盾が変革をもたらすとする唯物論《ゆいぶつろん》的歴史観の立場によるものでもないことは、天皇の宗教的性格という論点からもあきらかであろう。

戦前の皇国史観への反動と、戦後社会を風靡《ふうび》した唯物史観が、宗教や精神、心性《しんせい》の研究に冷ややかであったことがあいまって、天皇の宗教的性格に関する歴史研究は、ほとんどなされてこなかったように思う。「強大な武力で国家形成を成し遂げた古代天皇」像を描くことができないなか、わが国古代に天皇が存在したことの歴史的追究は、神をまつる天皇、天皇の宗教的性格に向かわざるをえない。

つまり、「古代天皇の本質を問う」という主題を掲げた小著は、天皇制を讃美するものではなく、かつ特定の歴史観に依拠するものでもない。もっとも重視したのは、天皇を必要とした古代社会の真の姿と、天皇が天皇でありえたことの理由の解明である。

結果は、これまでの通説に否定的な、天皇の宗教的性格を重視した内容となったが、ここでの試みの当否は読者の判断に委ねる以外にない。

なお、前著『謎の古代豪族 葛城氏』に続き、今回も祥伝社新書編集部の飯島英雄氏にはお世話になった。記して、御礼申し上げます。

参考文献

1 青木紀元「天照大御神」〜『古事記の神々』上　高科書店　一九九八年
2 足利健亮『地図から読む歴史』講談社　二〇一二年（一九九八年初版）
3 阿蘇瑞枝『柿本人麻呂論考』桜楓社　一九七二年
4 荒木敏夫「倭王・王妻・太子」〜『日本古代王権の研究』吉川弘文館　二〇〇六年
5 稲岡耕二「長皇子讃歌は人麻呂晩年の作か」〜『古典學藻』塙書房　一九八二年
6 居駒永幸『古代の歌と叙事文芸史』笠間書院　二〇〇三年
7 井上薫『日本古代の政治と宗教』吉川弘文館　一九六一年
8 井上辰雄「日下部をめぐる二、三の考察」〜『日本歴史』488　一九八九年
9 井上辰雄『古代王権と宗教的部民』柏書房　一九八〇年
10 井上辰雄『隼人と大和政権』学生社　一九七四年
11 井上光貞『日本古代思想史の研究』岩波書店　一九八二年
12 井上光貞『井上光貞著作集』五　岩波書店　一九八六年
13 今泉隆雄「日向国の牛皮木簡」〜『大宰府古文化論叢』上　吉川弘文館　一九八三年
14 岩本次郎「隼人の近畿地方移配地について」〜『日本歴史』230　一九六七年

15 上村俊雄「墓制からみた隼人世界」〜『新版 古代の日本』三 角川書店 一九九一年
16 榎村寛之『伊勢斎宮の歴史と文化』塙書房 二〇〇九年
17 荻原千鶴『日本古代の神話と文学』塙書房 一九九八年
18 大阪府立弥生文化博物館『日向・薩摩・大隅の原像』二〇〇七年
19 大橋信彌『日本古代の王権と氏族』吉川弘文館 一九九六年
20 大林太良「太陽と月」〜『日本民俗文化大系二 太陽と月』小学館 一九八三年
21 大林太良『東アジアの王権神話』弘文堂 一九八四年
22 大平聡『聖徳太子』山川出版社 二〇一四年
23 大山誠一『〈聖徳太子〉の誕生』吉川弘文館 一九九九年
24 大山誠一「『日本書紀』の構想」〜『聖徳太子の真実』平凡社 二〇〇三年
25 大和岩雄『神社と古代王権祭祀』白水社 一九八九年
26 岡田精司『古代王権の祭祀と神話』塙書房 一九七〇年
27 岡田精司『古代祭祀の史的研究』塙書房 一九九二年
28 置田雅昭「禁足地の成立」〜『大神と石上』筑摩書房 一九八八年
29 小倉慈司・山口輝臣『天皇と宗教』講談社 二〇一一年
30 過偉(君島久子監訳)『中国女神の宇宙』勉誠出版 二〇〇九年

31 梶山彦太郎・市原実『大阪平野のおいたち』青木書店 一九八六年
32 葛継勇「国号「日本」とその周辺」～『国史学』209 二〇一三年
33 門倉浩「新田部皇子への献呈歌」～『セミナー万葉の歌人と作品』二 和泉書院 一九九九年
34 門脇禎二『「大化改新」史論』上 思文閣出版 一九九一年
35 門脇禎二『出雲の古代史』日本放送出版協会 一九七六年
36 狩野久『日本古代の国家と都城』東京大学出版会 一九九〇年
37 上川通夫『日本中世仏教形成史論』校倉書房 二〇〇七年
38 亀井輝一郎「磐井の乱の前後」～『新版 古代の日本』三 角川書店 一九九一年
39 河上麻由子『古代アジア世界の対外交渉と仏教』山川出版社 二〇一一年
40 川崎保・梶田学「古代天皇陵をなぜミササギと呼ぶか」～『古代学研究』181 二〇〇九年
41 川尻秋生「仏教の伝来と受容」～『古墳時代の日本列島』青木書店 二〇〇三年
42 川尻秋生「飛鳥・白鳳文化」～『岩波講座 日本歴史』二 岩波書店 二〇一四年
43 川副武胤『古事記の研究』至文堂 一九六七年
44 岸俊男『日本古代文物の研究』塙書房 一九八八年
45 北康宏「大王とウジ」～『岩波講座 日本歴史』二 岩波書店 二〇一四年
46 北康宏「天皇号の成立とその重層構造」～『日本史研究』474 二〇〇二年

47 熊谷公男『大王から天皇へ』講談社　二〇〇一年
48 熊谷公男「持統の即位儀と治天下大王の即位儀礼」〜『日本史研究』474　二〇〇二年
49 倉塚曄子『巫女の文化』平凡社　一九九四年
50 神野志隆光『古事記の世界観』吉川弘文館　二〇〇八年
51 神野志隆光『古代天皇神話論』若草書房　一九九九年
52 神野志隆光「〈日雙斯皇子命〉をめぐって」〜『論集上代文学』十一　笠間書院　一九八一年
53 国分直一『日本民族文化の研究』慶友社　一九七〇年
54 小林茂文『天皇制創出期のイデオロギー』岩田書院　二〇〇六年
55 埼玉県教育委員会『稲荷山古墳出土鉄剣金象嵌銘概報』埼玉県県政情報資料室　一九七九年
56 西條勉『古事記と王家の系譜学』笠間書院　二〇〇五年
57 坂本太郎『古事記と日本書紀』吉川弘文館　一九八八年
58 笹川尚紀「『日本書紀』編修論序説」〜『史林』495　二〇一二年
59 笹原宏之「国字の発生」〜『文字と古代日本』五　吉川弘文館　二〇〇六年
60 佐藤長門「用明・崇峻期の政変と蘇我氏」〜『古代東アジアの仏教と王権』勉誠出版　二〇一〇年
61 式内社研究会『式内社調査報告』24　皇學館大学出版部　一九七八年
62 篠川賢『物部氏の研究』雄山閣　二〇〇九年

63 新修大阪市史編纂委員会『新修大阪市史』一　一九八八年
64 菅野雅雄『古事記系譜の研究』桜楓社　一九七〇年
65 鈴木靖民「遣隋使と礼制・仏教」～『国立歴史民俗博物館研究報告』152　二〇〇九年
66 須原祥二「『隋書』倭国伝にみえる「倭王」と「天」」～『日本歴史』719　二〇〇八年
67 関敬吾『日本昔話大成』一　角川書店　一九七九年
68 瀬間正之「ヒルコの変容」～『古事記の神々』上　高科書店　一九九八年
69 匝瑤葵「天皇の御魂の二重性」～『古代世界の霊魂観』勉誠出版　二〇〇九年
70 曾根正人『聖徳太子と飛鳥仏教』吉川弘文館　二〇〇七年
71 薗田香融『日本古代財政史の研究』塙書房　一九八一年
72 辰巳和弘『聖樹と古代大和の王宮』中央公論新社　二〇〇九年
73 立平進「死者の鳥」～『考古学ジャーナル』166　一九七九年
74 谷川健一『神・人間・動物』講談社　一九八六年
75 次田真幸「天語歌の成立と安曇連」～『古代歌謡』有精堂　一九八五年
76 次田真幸「水蛭子と葦船」～『日本神話』有精堂　一九七〇年
77 筑紫中真『アマテラスの誕生』講談社　二〇〇二年（一九六二年初版）
78 津田左右吉『日本古典の研究』上　岩波書店　一九四八年

79 土橋寛『古代歌謡全注釈 古事記編』角川書店 一九七二年
80 寺川真知夫「天照大御神」～『花園大学国文学論究』13 一九八五年
81 遠山一郎『天皇神話の形成と万葉集』塙書房 一九九八年
82 遠山一郎『『古事記』成立の背景と構想』笠間書院 二〇〇三年
83 遠山美都男『天皇誕生』中央公論新社 二〇〇一年
84 戸谷高明『古代文学の天と日』新典社 一九八九年
85 直木孝次郎『飛鳥奈良時代の研究』塙書房 一九七五年
86 直木孝次郎『古代河内政権の研究』塙書房 二〇〇五年
87 直木孝次郎『日本古代の氏族と天皇』塙書房 一九六四年
88 直木孝次郎『日本神話と古代国家』講談社 一九九〇年
89 中林隆之『日本古代国家の仏教編成』塙書房 二〇〇七年
90 中村明蔵『熊襲・隼人の社会史研究』名著出版 一九八六年
91 中村明蔵『隼人の研究』学生社 一九七七年
92 永山修一『隼人と古代日本』同成社 二〇〇九年
93 永山修一「隼人と律令制」～『新版 古代の日本』三 角川書店 一九九一年
94 奈良県教育委員会『藤原宮木簡』一九六九年

95 奈良国立文化財研究所『平城京長屋王邸宅と木簡』吉川弘文館　一九九一年
96 奈良国立文化財研究所『平城宮発掘調査出土木簡概報』六　一九六九年
97 奈良文化財研究所『吉備池廃寺発掘調査報告』二〇〇三年
98 西宮一民「日下と記紀萬葉(其の二)」～『ひらおか』五　河内郷土研究会　一九五九年
99 西宮秀紀「伊勢神宮成立論」～『古代王権と交流』四　名著出版　一九九六年
100 西宮秀紀「神祇祭祀」～『信仰と世界観』岩波書店　二〇〇六年
101 仁藤敦史「額田部氏の系譜と職掌」～『国立歴史民俗博物館研究報告』88　二〇〇一年
102 仁藤敦史「古代王権と後期ミヤケ」～『国立歴史民俗博物館研究報告』152　二〇〇九年
103 野村伸一『東アジアの女神信仰と女性生活』慶応義塾大学出版会　二〇〇四年
104 橋本達雄「天地の初めの時」～『専修国文』20　一九七六年
105 原島礼二『日本古代王権の形成』校倉書房　一九七七年
106 原田敏明『日本古代宗教　増補改訂版』中央公論社　一九七〇年
107 平林章仁『鹿と鳥の文化史』白水社　一九九二年
108 平林章仁「名代・子代考」～『龍谷史壇』79　一九八一年
109 平林章仁「日向の駒」～『日本宗教文化史研究』32　二〇一二年
110 平林章仁『謎の古代豪族　葛城氏』祥伝社　二〇一三年

111 平林章仁「蘇我馬子」〜『歴史読本』904　中経出版　二〇一四年
112 平林章仁『七世紀の古代史』白水社　二〇〇二年
113 平林章仁「天皇の大寺考」〜『日本古代の宗教と伝承』勉誠出版　二〇〇九年
114 平松秀樹「「天照らす」考」〜『古事記年報』35　一九九三年
115 福島秋穂『記紀神話伝説の研究』六興出版　一九八八年
116 福島秋穂「ヒルコ神話をめぐって」〜『日本神話』有精堂　一九七〇年
117 藤井顕孝「欽明紀の仏教伝来の記事について」〜『史学雑誌』36-8　一九二五年
118 二葉憲香「古代天皇の祭祀権と仏教」〜『日本古代の国家と宗教』上　吉川弘文館　一九八〇年
119 古市晃「王名サザキについて」〜『日本古代の王権と社会』塙書房　二〇一〇年
120 古市晃「五・六世紀における王宮の存在形態」〜『日本史研究』587　二〇一一年
121 古市晃『日本古代王権の支配論理』塙書房　二〇〇九年
122 北條勝貴「祟・病・仏神」〜『王権と信仰の古代史』吉川弘文館　二〇〇五年
123 星野良作『研究史　神武天皇』吉川弘文館　一九八〇年
124 堀川真希『高天の原神アマテラスの研究』渓水社　二〇一一年
125 本位田菊士「額田部連・額田部について」〜『続日本紀研究』238　一九八五年
126 本郷真紹「仏教伝来」〜『古代を考える　継体・欽明朝と仏教伝来』吉川弘文館　一九九九年

127 北郷泰道「日向」〜『日本古代史地名辞典』雄山閣　二〇〇七年
128 北郷泰道『古代日向・神話と歴史の間』鉱脈社　二〇〇七年
129 北郷泰道『熊襲・隼人の原像』吉川弘文館　一九九四年
130 前川明久『日本古代氏族と王権の研究』法政大学出版局　一九八六年
131 松倉文比古「仁徳紀の構成(二)」〜『龍谷紀要』27-2　二〇〇六年
132 松倉文比古『『日本書紀』の天皇像と神祇伝承』雄山閣　二〇〇九年
133 松前健『古代王権の神話学』雄山閣　二〇〇三年
134 松前健「石上神宮の祭神とその祭祀伝承の変遷」〜『国立歴史民俗博物館研究報告』7　一九八五年
135 松本信広『日本神話の研究』平凡社　一九七一年(一九三一年初版)
136 丸山久子「鶺鴒は鳥の王」〜『日本昔話事典』弘文堂　一九七七年
137 丸山顕徳「タカミムスヒの性格」〜『日本書紀研究』三〇　塙書房　二〇一四年
138 黛弘道「古事記における天皇像」〜『古事記の天皇』高科書店　一九九四年
139 水野柳太郎『日本古代の寺院と史料』吉川弘文館　一九九三年
140 三品彰英『増補　日鮮神話伝説の研究』平凡社　一九七二年
141 三品彰英『建国神話の諸問題』平凡社　一九七一年

142 三品彰英『日本神話論』平凡社 一九七〇年
143 溝口睦子『王権神話の二元構造』吉川弘文館 二〇〇〇年
144 三宅和朗『古代の王権祭祀と自然』吉川弘文館 二〇〇八年
145 木簡学会『木簡研究』14 一九九二年
146 木簡学会『木簡研究』26 二〇〇四年
147 森公章『倭国から日本へ』 吉川弘文館 二〇〇二年
148 矢嶋泉『古事記の歴史意識』吉川弘文館 二〇〇八年
149 柳田國男「鹿の耳」～『定本柳田國男集』五 筑摩書房 一九六八年
150 山尾幸久『古代の日朝関係』塙書房 一九八九年
151 山尾幸久『日本古代国家と土地所有』吉川弘文館 二〇〇三年
152 山中千恵子『斎宮志』大和書房 一九八〇年
153 吉井巌『天皇の系譜と神話』塙書房 一九六七年
154 吉井巌『天皇の系譜と神話』三 塙書房 一九九二年
155 義江明子『古代王権論』岩波書店 二〇一一年
156 吉田一彦『古代仏教をよみなおす』吉川弘文館 二〇〇六年
157 吉田孝『日本の誕生』岩波書店 一九九七年

158 吉田孝「酒折宮の説話の背景」～『甲斐の地域史的展開』雄山閣　一九八二年
159 吉田孝『律令国家と古代の社会』岩波書店　一九八三年
160 吉村武彦「倭国と大和王権」～『岩波講座　日本通史』二　岩波書店　一九九三年
161 吉村武彦『日本古代の社会と国家』岩波書店　一九九六年

※なお、本書では以下の史料を用いた。『古事記』は日本古典文学大系。『日本書紀』は日本古典文学大系。『万葉集』は日本古典文学大系。『風土記』は日本古典文学大系。『続日本紀』は新日本古典文学大系。『日本後紀』は訳注日本史料。『隋書』は岩波文庫。『三国志』魏書弁辰伝は東洋文庫『東アジア民族史』。また、引用史料は掲載にあたって旧字体や訓など一部改変した部分があり、日干支は必要なものを除いて割愛した。

切りとり線

★読者のみなさまにお願い

この本をお読みになって、どんな感想をお持ちでしょうか。祥伝社のホームページから書評をお送りいただけたら、ありがたく存じます。今後の企画の参考にさせていただきます。また、次ページの原稿用紙を切り取り、左記まで郵送していただいても結構です。

お寄せいただいた書評は、ご了解のうえ新聞・雑誌などを通じて紹介させていただくこともあります。採用の場合は、特製図書カードを差しあげます。

なお、ご記入いただいたお名前、ご住所、ご連絡先等は、書評紹介の事前了解、謝礼のお届け以外の目的で利用することはありません。また、それらの情報を6カ月を越えて保管することもありません。

〒101－8701（お手紙は郵便番号だけで届きます）
祥伝社新書編集部
電話03（3265）2310
祥伝社ホームページ　http://www.shodensha.co.jp/bookreview/

★本書の購買動機（新聞名か雑誌名、あるいは○をつけてください）

＿＿＿新聞の広告を見て	＿＿＿誌の広告を見て	＿＿＿新聞の書評を見て	＿＿＿誌の書評を見て	書店で見かけて	知人のすすめで

★100字書評……天皇はいつから天皇になったか？

名前

住所

年齢

職業

平林章仁　ひらばやし・あきひと

龍谷大学文学部歴史学科教授、博士(文学)。1948年、奈良県生まれ。1971年、龍谷大学文学部史学科卒業。龍谷大学・堺女子短期大学非常勤講師、龍谷大学仏教文化研究所客員研究員を経て、現職。専門は日本古代史、特に神話・古代宗教・氏族など。著作に『蘇我氏の実像と葛城氏』『三輪山の古代史』『七世紀の古代史』『鹿と鳥の文化史』(以上、白水社)、『神々と肉食の古代史』(吉川弘文館)、『謎の古代豪族　葛城氏』(祥伝社新書)などがある。

天皇《てんのう》はいつから天皇《てんのう》になったか？

平林章仁《ひらばやしあきひと》

2015年7月10日　初版第1刷発行

発行者……………竹内和芳

発行所……………祥伝社《しょうでんしゃ》

〒101-8701　東京都千代田区神田神保町3-3

電話　03(3265)2081(販売部)

電話　03(3265)2310(編集部)

電話　03(3265)3622(業務部)

ホームページ　http://www.shodensha.co.jp/

装丁者……………盛川和洋

印刷所……………萩原印刷

製本所……………ナショナル製本

Printed in Japan　ISBN978-4-396-11423-7　C0221